南懷瑾文化

禪觀正脈研究

南懷瑾◎講述

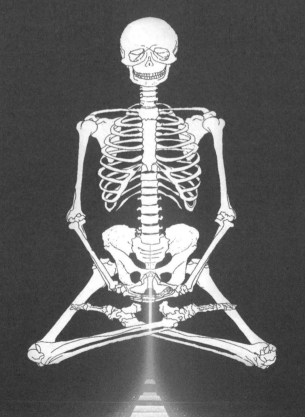

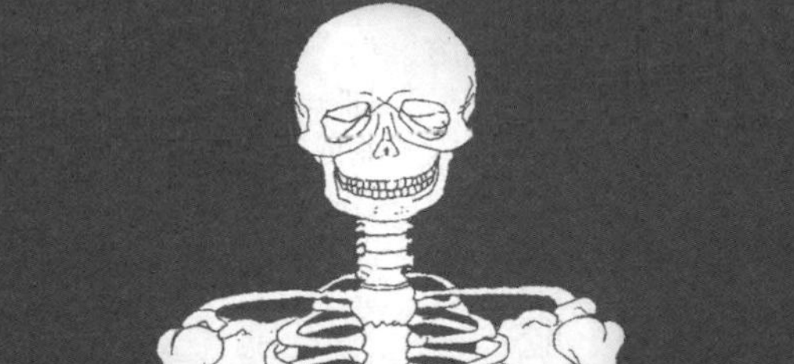

出版說明

在一九七〇年代末，南師懷瑾先生為期許行者於實際修持能方便入門，曾在台灣數次講解《禪祕要法》。後並囑李淑君女士將講課記錄輯為文字，經南師親自審訂後，以「禪觀正脈研究」為題，李默然記輯，陸續刊載於第八期至第二十期之《知見》雜誌。其中涉及觀想詳釋與實際修證之處，亦由南師親自撰寫。後陳世志先生將十一篇講課記錄與《禪祕要法》原經文，加上洪文亮醫師在《知見》雜誌上刊載，結合佛學與醫學知識的文章五篇，整合成書，於一九八六年初次在台灣印行。

此次再版，除內文段落重新排版編輯，及修正部分錯漏字外，《禪祕要法》經文亦根據佛教出版社及《大藏經》之版本再次校對標點，以方便讀者閱讀。

宏忍師、許江先生及懷軒諸位學友，耗費大量心力幫忙排版重校，在此也致上誠摯的謝忱。

編輯室 彭敬

二〇二一年十一月

目錄

禪觀正脈研究　141

附錄

禪祕要法

姚秦三藏法師鳩摩羅什等譯

如是我聞。一時佛住王舍城迦蘭陀竹園。與大比丘眾千二百五十人俱。復有五百大德聲聞。舍利弗。大目揵連。摩訶迦葉。摩訶迦旃延等。

爾時。王舍城中有一比丘。名摩訶迦絺羅難陀。聰慧多智。來至佛所。為佛作禮。繞佛七帀。爾時。世尊入深禪定。默然無言。時迦絺羅難陀見佛入定。即往舍利弗所。頭面禮足。白言。大德舍利弗。唯願為我廣說法要。爾時舍利弗即便為說四諦。分別義趣。一徧乃至七徧。

時迦絺羅難陀心疑未寤。如是乃至徧禮五百聲聞足。請說法要。諸聲聞等。亦各七徧為轉四真諦法。

時迦絺羅難陀心亦不寤。復還佛所。為佛作禮。爾時世尊從禪定起。見迦絺羅難陀頂禮佛足。淚如盛雨。勸請世尊。唯願為我轉正法輪。爾時世尊復為廣說四真諦法一徧乃至七徧。

時迦絺羅難陀猶故未解。五百天子聞佛所說。得法眼淨。即持天華以供養佛。白佛言。世尊。我等今者因迦絺羅難陀比丘。快得法利。見法如法。成須陀洹。時迦絺羅難陀。聞諸天語。心懷慚愧。悲咽無言。舉身投地。如大山崩。即於佛前。四體布地。向佛懺悔。

爾時阿難即從座起。整衣服偏袒右肩。為佛作禮。繞佛三帀。胡跪合掌白佛言。世尊。此迦絺羅難陀比丘。有何因緣生而多智。四毗陀論。違世羈經。日月星辰。一切技藝無不通達。復有何罪。出家以來經歷多年。於佛法味獨不得嘗。如來世尊親為說法。如生聾人。無聞無得。佛法大將隨順轉法輪者。數有五百。為其說法亦無有益。唯願世尊為我。分別說此比丘往昔因緣。

阿難問時。佛即微笑。有五色光從口中出。繞佛七帀。還從頂入。告阿難言。諦聽諦聽。善思念之。我當為汝分別解說。阿難白佛言。唯然世尊。願樂欲聞。

佛告阿難。此迦絺羅難陀比丘。過去久遠無數劫時。有佛世尊。名曰然燈如來。應供。正徧知。明行足。善逝。世間解。無上士。調御丈夫。天人師。佛。世尊。彼佛法中。有一比丘。名阿純難陀。聰明多智。以多智故。憍慢放逸。亦不修習四念處法。身壞命終。墮黑闇地獄。從地獄出。生龍象中。五百身中恆作龍王。五百身中恆作象王。捨畜生身。因前出家持戒力故。得生天上。天上命終。來生人間。前身讀誦三藏經故。今得值佛。由前放逸不修四念處。是故今身不能覺寤。

爾時迦絺羅難陀聞佛此語。即從座起。合掌長跪。白佛言。世尊。唯願世尊教我繫念。

爾時佛告迦絺羅難陀。諦聽諦聽善思念之。汝於今日。快問如來滅亂心賊甘露正法。三世諸佛治煩惱藥。關閉一切諸放逸門。普為人天開八正道。汝好諦觀。莫令心亂。

佛說此語時。眾中有五十摩訶羅比丘。亦白阿難。世尊今者欲說除放逸法。我等隨順欲學。此事唯願尊者為我白佛。說此語時。佛告諸比丘。非但為汝。亦為未來諸放逸者。我今於此迦蘭竹園。為迦絺羅難陀比丘說繫念法。

第一觀

佛告迦絺羅難陀。汝受我語。慎莫忘失。汝從今日修沙門法。沙門法者。應當靜處敷尼師壇。結跏趺坐。齊整衣服。正身端坐。偏袒右肩。左手著右手上。閉目以舌拄腭。定心令住。不使分散。先當繫念著左腳大指上。諦觀指半節。作泡起想。諦觀極使明了。然後作泡潰想。見指半節。極令白淨。如有白光。見此事已。次觀一節。令肉劈去。見指一節。極令明了。如有白光。佛告迦絺羅難陀。如是名繫念法。

迦絺羅難陀聞佛所說。歡喜奉行。觀一節已。次觀二節。觀二節已。次觀三節。觀三節已。心漸廣大。當觀五節。見腳五節。如有白光。白骨分明。如是繫心諦觀五節。不令馳散。心若馳散。攝令使還。如前念半節。念想成時。舉身煗煴心下熱。得此想時。名繫心住。

心既住已。復當起想。令足趺肉兩向披。見足趺骨。極令了了。見足趺骨。白如珂雪。此想成已。次觀踝骨。使肉兩向披。亦見踝骨。極令皎白。次觀脛骨。使肉褫落。自見脛骨。皎然大白。次觀膝骨。亦使皎然分明。次觀髖骨。亦使極白。次觀脇骨。想肉從一一脇間兩向褫落。但見脇骨。白如珂雪。乃至見於脊骨。極令分明。次觀肩骨。想肩肉如以刀割。從肩至肘。從肘至腕。從腕至掌。從掌至指端。皆令肉兩向披。見半身白骨。

見半身白骨已。次觀頭皮。見頭皮已。次觀薄皮。觀薄皮已。次觀膜。觀膜已。次觀腦。觀腦已。次觀肪。觀肪已。次觀咽喉。觀咽喉已。次觀肺腧。觀肺腧已。見心肺肝。大腸小腸。脾腎生藏熟藏。四十戶蟲在生藏中。戶領八十億小蟲。一一蟲從諸脈生乎乳產生。凡有三億。口含生藏。一一蟲有四十九頭。其頭尾細猶如鍼鋒。此諸蟲等。二十戶是火蟲。從火精生。二十戶是風蟲。從風氣起。是諸蟲等。出入諸脈。遊戲自在。火蟲動風。風蟲動火。更相呼吸。以熟生藏。上下往復。凡有七反。此諸蟲等。各有七眼。眼皆出火。復有七身。吸火動身。以熟生藏。生藏熟已。各復還走入諸脈中。

復有四十戶蟲。戶領三億小蟲。身赤如火。蟲有十二頭。頭有四口。口含熟藏。爪間流血。皆觀令見。

見此事已。又見諸蟲從咽喉出。又觀小腸。肝肺脾腎。皆令流注入大腸中。從咽喉出。墮於前地。此想成已。即見前地屎尿臭處。及諸蚘蟲。更相纏縛。諸蟲口中流出膿血。不淨盈滿。

此想成已。自見己身如白雪人。節節相拄。若見黃黑。當更悔過。既悔過已。自見己身骨上生皮。皮悉褫落。聚在前地。漸漸長大。如鉢多羅。復更長大。似如瓮坰。乃至大如乾闥婆樓。或大或小。隨心自在。又漸增長。猶如大山。而有諸蟲唼食。此山流出膿血。有無數蟲遊走膿裏。復見皮山。漸漸爛壞。唯有少在諸蟲競食。有四夜叉。忽從地出。眼中出火。舌如毒蛇。而有六頭。頭各異相。一者如山。二者如貓。三者如虎。四者如狼。五者如狗。六者如鼠。又其兩手。猶如猨猴。其十指端。一一皆有四頭毒蛇。一者雨水。二者雨土。三者雨石。四者雨火。又其左腳似鳩槃茶鬼。右腳似於毗舍闍鬼。現醜惡形。甚可怖畏。時四夜叉。一一荷負九種死屍。隨次行列。住行者前。佛告迦絺羅難陀。是名不淨想最初境界。

佛告阿難。汝持是語。慎莫忘失。為未來眾生。敷演廣說此甘露法。三乘聖種。時迦絺羅難陀。聞佛說此語。一一諦觀。經九十日。不移心想。至七月十五日。僧自恣竟時。諸比丘禮世尊已。各還所安。於日後分次第修得四沙門果。三明六通。皆悉具足。心大歡喜。頂禮佛足白佛言。世尊。我於今日因思惟故。因正受故。依三昧故。生分已盡。不受後有。知如道真。必定得成清淨梵行。世尊。此法是甘露器。受用此者。食甘露味。唯願世尊重為廣說。

爾時世尊。告迦絺羅難陀。汝今審實得此法者。可隨汝意。作十八變。時迦絺羅難陀住立空中。隨意自在。作十八變。時諸比丘。見迦絺羅難陀。我慢心多。猶能調伏。隨順佛教。繫心一處。不隨諸根。成阿羅漢。爾時會中有千五百比丘。亂心多者。見此事已。皆生歡喜。即詣佛所。次第受法。

爾時世尊。因此憍慢比丘摩訶迦絺羅難陀。初制繫念法。告諸四眾。若比丘。若比丘尼。若優婆塞。優婆夷。自今以後。欲求無為道者。應當繫念。專心一處。若使此心馳騁六根。猶如猨猴。無有慚愧。當知此人是旃陀羅。非賢聖種。心不調順。阿鼻獄卒常使此人。如是惡人。於多劫中無由得度。此亂心賊。生三界種。依因此心。墮三惡道。時諸比丘。聞佛所說。歡喜奉行。

佛告阿難。汝今見此摩訶迦絺羅難陀比丘。因不淨觀。得解脫不。汝好受持。為眾廣說。阿難白佛。唯然受教。佛告阿難諦聽諦聽。善思念之。

第二觀

第二觀者。繫念額上。諦觀額中如爪甲大。慎莫移想。如是觀額。令心安住。不生諸想。唯想額上。然後自觀頭骨。見頭骨白如頗梨色。

如是漸見舉身白骨。皎然白淨。身體完全。節節相拄。復見前地。諸不淨聚。如上所說。不淨想成時。慎莫棄身。當教易觀。

易觀法者。想諸節間。白光流出。其明熾盛。猶如雪山。見此事已。前不淨聚。夜叉吸去。復當想前。作一骨人。極令大白。此想成已。次想第二骨人。見二骨人已。見三骨人。見三骨人已。見四骨人。見四骨人已。見五骨人。如是乃至見十骨人。見十骨人已。見二十骨人。見二十骨人已。見三十骨人。見三十骨人已。見四十骨人。見四十骨人已。見一室內滿中骨人。前後左右行列相向。各舉右手。向於行者。

是時行者。漸漸廣大。見一庭內。滿中骨人。行行相向。白如珂雪。各舉右手。向於行者。心復廣大。見一頃地。滿中骨人。行行相向。各舉右手。向於行者。心漸廣大。見一由旬。滿中骨人。行行相向。各舉右手。向於行者。見一由旬已。乃至見百由旬。滿中骨人。行行相向。各舉右手。向於行者。見百由旬已。乃至見閻浮提。滿中骨人。行行相向。各舉右手。向於行者。見一閻浮提已。次見弗婆提。滿中骨人。行行相向。各舉右手。向於行者。見弗婆提已。次見瞿耶尼。滿中骨人。行行相向。各舉右手。向於行者。見瞿耶尼已。見鬱單越。滿中骨人。行行相向。各舉右手。向於行者。

見四天下。滿中骨人已。身心安隱。無驚怖想。心漸廣大。見百閻浮提。滿中骨人。行行相向。各舉右手。向於行者。見百閻浮提已。見百弗婆提。滿中骨人。行行相向。各舉右手。向於行者。見百弗婆提已。次見百瞿耶尼。滿中骨人。行行相向。各舉右手。向於行者。見百瞿耶尼已。次見百鬱單越。滿中骨人。行行相向。各舉右手。向於行者。見此事已。身心安樂。無驚怖想。心想利故。見娑婆世界滿中骨人。皆垂兩手伸舒十指。一切齊立。向於行者。于時行者。見此事已。出定入定。恆見骨人。山河石壁。一切世事。皆悉變化。猶如骨人。

爾時行者。見此事已。於四方面見四大水。其流迅駛。色白如乳。見諸骨人。隨流沈沒。此想成時。復更懺悔。但純見水。涌住空中。復當起想。令水恬靜。

佛告阿難。此名凡夫心想白骨白光涌出三昧。亦名凡夫心海生死境界相。我今因迦絺羅難陀。為汝及未來一切眾生等。說是白骨白光涌出三昧門。為攝亂心。渡生死海。汝當受持。慎勿忘失。爾時世尊說此語已。即現白光三昧。一一相貌。皆令阿難悉得見之。爾時阿難。聞佛所說。歡喜奉行。此名白骨觀最初境界。

佛告阿難。此想成已。更教餘想。教餘想者。當自觀身。作一白骨人。極使白淨。令頭倒下。入髖骨中。澄心一處。極使分明。此想成已。觀身四面。周帀四方。皆有骨人。此想成已。即於前地。作一白骨人。如似己身。亦復倒頭入髖骨中。想一成已。次當想二。想二成已。次當想三。想三成已。次當想四。想四成已。次當想五。想五成已。乃至想十。如是滿一房內。見諸骨人。皆悉倒頭入髖骨中。見一房內已。乃至見於百房之內。是諸骨人。皆悉倒頭入髖骨中。見百房已。見一由旬。滿中骨人。皆悉倒頭入髖骨中。見一由旬已。乃至見無量諸白骨人。皆悉倒頭入髖骨中。

此想成已。見諸骨人。各各縱倒。悉在前地。或見頭破。或見項折。或見顛倒。或見繚戾。或見腰折。或見伸腳。或見縮腳。或見腳骨分為二分。或見頭骨橫入胸中。或見頭骨偃仰掣縮。分亂縱橫。悉在前地。周帀上下。滿一室內。此想成已。乃至見於無量無邊諸白骨人。紛亂縱橫。或大或小。或破或完。如此眾事。皆當住心諦觀。極令分明。

佛告阿難。是時行者。見此事已。當自思惟。前骨完具。今者破散。縱橫紛亂。不可記錄。此白骨身。猶尚無定。當知我身。亦復無我。諦觀是已。當自思惟。正有縱橫諸雜亂骨。何處有我及與他身。爾時行者思惟無我。身意泰然。安隱快樂。

佛告阿難。此想成已。復當更教令心廣大。使彼行人。見一閻浮提縱橫亂骨。見諸骨外。周帀四面。有大火起。焱焱相次。燒諸亂骨。見諸骨人。節節火起。如是火相。或有眾火。猶如流水。明炎熾盛。流諸骨間。或有眾火。猶如大山。從四面來。

此想成已。極大驚怖。出定之時。身體蒸熱。還當攝心。如前觀骨。觀一白骨人。極令明了。是時行者。入定之時。不能自起。要當彈指。然後得起。此想成者。當自起念。而作是言。我於前世。無數劫來。造熱惱法。業緣所牽。故使今者見此火起。復當作念。如此火者。從四大有。我身空寂。四大無主。此大猛火。橫從空起。我身他身。悉皆亦空。如此火者。從妄想生。為何所燒。我身及火。二皆無常。佛告阿難。行者應當至心諦觀如是等法。觀空無火。亦無眾骨。作此觀者。無有恐懼。身意恬安。倍勝於前。爾時阿難。聞佛所說。歡喜奉行。此想成者。名第二觀白骨竟。

第三觀

佛告阿難。觀第二白骨竟已。復當更教繫念法。繫念法者。先當繫心著左足大指上。一心諦觀足大指。使肉青黑津膩。猶如日光炙於肥肉。漸漸至膝。乃至於髖。觀左足已。觀其右足。亦復如是。觀右足已。次當觀腰。至背至頸。至項至頭。至面至胸。舉身支節。一切身分。皆亦津黑。猶如日光炙於肥肉。不淨流溢。如屎尿聚。諦觀己身。極使分明。想一成已。復當想二。想二成已。復當想三。想三成已。復當想四。想四成已。復當想五。想五成已。復當想十。想十成已。見一室內。滿中津黑。猶如日光炙於肥肉。如屎尿聚。諸不淨人。行列縱橫。滿一室內。見一室已。復見二室。見二室已。乃至見無量眾多不淨人。四維上下。皆悉充滿娑婆世界。

此想成已。行人自念。我於前世。貪婬愚癡不自覺知。盛年放逸。貪著情色。無有慚愧。隨逐色聲香味觸法。今觀我身。不淨流溢。他身亦爾。何可愛樂。見此事已。極自厭身。慚愧自責。出定之時。見諸飲食。如屎尿汁。甚可惡厭。

次教易觀。易觀法者。當更起想念。想念成時。見其身外諸不淨間。周帀四面。忽然炎起。如熱時燄。其色正白。如野馬行。映諸不淨。爾時行者見此事已。當大歡喜。以歡喜故。身心輕輭。其心明朗。快樂倍常。佛告阿難。是名第三慚愧自責觀。爾時阿難。聞佛所說。歡喜奉行。此想成者。名第三津膩慚愧觀竟。

第四觀

佛告阿難。此想成已。復當更教繫念。住意左腳大指上。令諦觀腳大指節。起膖脹想。見膖脹已。起爛壞想。見爛壞已。起青黑赤白諸膿血想。是諸膿血。極使臭處難可堪忍。如是漸漸至膝至髖。皆令膖脹爛潰不淨。觀左腳已。右腳亦然。如是漸漸至腰至背。至頸至項。至頭至面至胸。舉身支節。一切膖脹皆悉爛壞。青黑赤白。諸膿流出。臭惡雜穢。不可堪處。想一成已。復更想二。想二成已。復更想三。想三成已。復更想四。想四成已。復更想五。想五成已。乃至想十。想十成已。見一室內。周帀上下。諸膖脹人。皆悉爛壞。青黑赤白。諸膿悉皆流出。雜穢臭處。不可堪忍。復當更想一由旬。想一由旬已。乃至想百由旬。想百由旬已。乃至見三千大千世界。周帀上下。地及虛空一切。彌滿膖脹爛壞青黑赤白諸膿。流出雜穢。充滿不可堪處。

佛告阿難。爾時行者見此事已。自觀己身。不淨充滿。觀於他身。亦復如是。當作想念。我此身者。甚可患厭。眾多不淨。彌滿一切。諦觀是已。畏生死患。其心堅固。深信因果。出定入定。恆見不淨。欲求厭離。捨棄此身。作此想時。自見己身舉體皮肉。如秋葉落。見肉墮地在前地已。即大動心。心生驚怖。身心震掉。不能自寧。身氣熱惱。如熱病人。為渴所逼。出定之時。如人夏日行於曠野。渴乏無水。身體疲極。此想成已。乃至食時。見所食物。如膖死屍。見所飲漿。猶如膿血。此想成已。極大厭身。觀於身內。及於身外。求淨不得。

佛告阿難。復當更教。令其易想。莫使棄身。唐無所得。易觀法者。當於遠處臭穢之外。作一淨物。教其繫心。想一淨物。心眼明了。即欲往取。如是漸漸所見廣遠。諸不淨外有諸淨地。如瑠璃地。見此淨處。即便欲往。轉復廣遠。意不能達。

佛告阿難。爾時當教如此行人。而作是言。汝所見事。是不淨想。此不淨想。而雜穢物。當知此想從顛倒起。皆由前世顛倒行故。而得此身。如此身者。種子根本。皆為不淨。汝今實見此不淨不。雖見不淨。於外見淨。當知此淨及與不淨。不可久停。隨逐諸根。憶想見是。此不淨身。屬諸因緣。緣合則有。緣離則無。爾所見事。亦屬緣想。想成則有。想壞則無。如此想者。從五情出。還入汝心。諸欲因緣。而有此想。此不淨想。來無所從。去無所至。汝當一一諦觀不淨。求索彼我。了不可得。世尊說我及他。皆悉空寂。何況不淨。如是種種呵責其心。教令觀空。見髮毛爪齒。一切悉無。豁然捨諸不淨之物。如前住意。還觀骨人。

佛告阿難汝持是語。慎莫忘失。此不淨觀及易想法。爾時阿難。聞佛此語。歡喜奉行。此想成時。名第四膖脹膿血及易想觀竟。

第五觀

佛告阿難。此想成已。次當更教繫念一處。端坐正受。諦觀右腳大指上。令指上皮。攜攜欲穿。薄皮厚皮。內外映徹。其薄皮內。有一薄膜。亦當諦觀。如是漸漸至膝至髖。左腳亦然。至腰至背。至頸至項。至頭至面至胸。舉身皆爾。薄皮厚皮。內外映徹。攜攜欲穿。如被吹者。其皮膖脹。不可具說。身諸毛中。一一毛孔。百千無量。諸膿雜汁。猶如雨滴。從毛孔出。疾如震雨。內外俱流。膿血盈滿。不淨之極。難可堪忍。猶如膿池。亦如血池。諸蟲滿中。此想成已。當觀胸裏。舉身是蟲。猶如蟲聚。復當更觀左腳大指。膖脹膿潰。青膿黃膿。赤膿黑膿。紅膿綠膿白膿。爛潰交橫。與屎尿雜。復有諸蟲。遊戲其中。穢惡臭處。不可堪忍。厭惡此身。不貪諸欲。不樂受生。

此想成時。見大夜叉。身如大山。頭髮蓬亂。如棘刺林。有六十眼。猶如電光。有四十口。口有二牙。皆悉上出。猶如火幢。舌似劍樹。吐至于膝。手捉鐵棒。棒似刀山。如欲打人。如是眾多。其數非一。

見此事時。極大驚怖。身心皆動。如此相貌。皆是前身毀犯禁戒。諸惡根本。無我計我。無常計常。不淨計淨。放逸染著。貪受諸欲。於苦法中。橫生樂想。於空法中。起顛倒想。於不淨身。起於淨想。邪命自活。不計無常。此想成時。復當更教汝莫驚怖。如此夜叉。是汝惡心。猛毒境界。從六大起。六大所成。汝今應當諦觀六大。

此六大者。地水火風識空。如此一一。汝當諦推。汝身為是地耶。為是水耶。為是火耶。為是風耶。為是識耶。為是空耶。如是一一諦觀。此身從何大起。從何大散。六大無主。身亦無我。汝今云何畏於夜叉。如汝心想。來無所從。去無所至。想見夜叉。亦復如是。但安意坐。設使夜叉來打汝者。歡喜忍受。諦觀無我。無我法中。無驚怖想。但當正心。結跏趺坐。諦觀不淨及與夜叉。作一成已。復當作二。如是漸漸乃至無量。一一諦觀。皆令分明。佛告阿難。汝好受持觀薄皮不淨法。慎莫忘失。爾時阿難。聞佛所說。歡喜奉行。此想成時。名第五觀薄皮竟。

第六觀

佛告阿難。此想成已。復當更教繫念。著右腳大指上。當諦觀腳指。使腳膖脹。從腳至頭。如吹皮囊。膖脹津黑。青瘀難堪。滿中白蟲。如粳米粒。蟲有四頭。蠢蠢相逐。更相唼食。肌肉骨髓。皆生諸蟲。一切五藏。蟲皆食盡。唯有厚皮。在其骨外。其皮厚薄。猶如繒練。諸蟲出入。如穿竹葉。內外攜攜。其皮欲穿。眼中躁癢。有無數蟲。穿眼欲出。生眼眶間。身分九孔。亦復如是。諸蟲爾時。從厚皮出。入薄皮中。皮遂穿盡。蟲皆落地。其數眾多。不可稱計。作一大聚。猶如蟲山。在行者前。更相食噉。或相纏繞。爾時行者。見眾多蟲已。復當繫念。諦觀一蟲。使此一蟲。噉諸蟲盡。既噉蟲已。一蟲獨在。其心漸大。見向一蟲。大如狗許。身體困頓。鼻曲如角。䶑行者前。其眼正赤。如燒鐵丸。
見此事已。極大驚怖。當自憶念。我身云何。忽然乃爾。作如此事。先見諸蟲。更相食噉。今見此蟲。形體醜惡。何甚可畏。此想成時。當自觀身。我此諸蟲。本無今有。已有還無。如此不淨。從心想生。來無所從。去無所至。亦非是我。亦非是他。如此身者。六大和合。因緣成之。六大散滅。身亦無常。向者諸蟲。來無所從。去無所至。我身蟲聚。當有何實。蟲亦無主。我亦無我。作是思惟時。所見蟲眼。當漸漸小。見此事已。身心和悅。恬然安樂。倍勝於前。佛告阿難。汝好受持是厚皮蟲聚觀法。慎莫忘失。阿難聞佛所說。歡喜奉行。
此想成已。名第六厚皮蟲聚觀竟。

第七觀

佛告阿難。復當住意。繫念一處。諦觀右腳大指上。從足至頭。好諦觀之。當使皮肉都盡。腸胃腹肝。肺心脾腎。一切五藏。悉落墮地。唯有筋骨。共相連持。殘膜著骨。其色極赤。或如淤泥。或如濁水。作濁水想。持用洗皮。從足至頭。皆使如是。自觀己身。極令分明。觀己身已。於現前地。復作一身。使在前立。如己無異。想一成已。復當想二。想二成已。復當想三。想三成已。復當想四。想四成已。復當想五。想五成已。乃至想十。想十成已。見一室內。周帀上下。滿中皆是赤色骨人。或有淤泥色者。或有濁水色者。以濁水洗皮。如是眾多。漸漸廣大。滿一由旬。想一由旬已。想二由旬。想二由旬已。漸漸廣大。想百由旬。想百由旬已。乃至見三千大千世界。滿中赤色骨人。或有淤泥色者。或有濁水色者。以濁水洗皮。周帀上下。縱橫彌滿。佛告阿難。汝今諦觀此赤色相。慎莫忘失。爾時阿難。聞佛所說。歡喜奉行。

此想成時。名第七極赤淤泥濁水洗皮雜想竟。

第八觀

佛告阿難。復當更教繫心住意。觀左腳大指。從足至頭。如新死人。其色萎黃。當觀己身。亦復如是。見萎黃已。當令黃色變成青赤。此想成時。見於前地有一新死人。其色黃赤。見一已見二。見二已見三。見三已見四。見四已見五。見五已心想利故。恆見己身如新死人。如是想成。見一切人滿閻浮提。如新死人。此想成已。轉復廣大。見三千大千世界滿中新死人。自見己身及以他身。等無有異。此想成時。心意惙然。貪欲轉薄。佛告阿難。汝好諦觀是新死想。慎莫忘失。爾時阿難。聞佛所說。歡喜奉行。此想成時。名第八新死想竟。

第九觀

佛告阿難。復當更教繫念住意。諦觀左腳大指上。從足至頭。使心不散。見身諸骨。一一分明。共相支拄。亦相連持。無有破者。毛髮爪齒。皆悉具足。皎然大白。見己身已。往復反覆想令白淨。想一身已。復想二身。想二身已。復想三身。想三身已。復想四身。想四身已。復想五身。乃至於十。想十身已。見一室內。周帀上下。悉是骨人。毛髮爪齒。皆悉具足。白中白如珂雪。見一室已。復見百室。見百室已。見一閻浮提。見一閻浮提已。乃至見三千大千世界滿中骨人。毛髮爪齒。皆悉具足。其色極白。白如珂雪。此想成時。心意恬安。歡喜倍常。佛告阿難。汝好諦觀具身骨想。慎莫忘失。爾時阿難。聞佛所說。歡喜奉行。此想成時。名第九具身想竟。

第十觀

佛告阿難。復當更教繫心住意。諦觀右足大指兩節間。令心專住。無分散意。觀兩節使相離去。唯角相拄。觀兩節已。從足至頭。皆令如是。使節節解。唯角相拄。從頭至足。有三百六十三解。一一諦觀。令節節各解。若不足者。安心諦觀。令節節各解。唯角相拄。觀已身已。當觀他身。觀見一已。觀見二。觀二已。觀見三。觀三已。觀見四。觀四已。觀見五。觀五已。乃至觀見無量諸白骨人。節節各解。唯角相拄。見此事已。復見四方眾多骨人。亦復如是。

得此觀時。當自然見諸骨人外。猶如大海。恬靜澄清。其心明利。見種種雜色光。圍繞四邊。見此事已。心意自然。安隱快樂。身心清淨。無憂喜想。佛告阿難。汝好諦觀此節節解想。慎莫忘失。阿難聞佛所說。歡喜奉行。得此觀者。名第十節節解觀竟。

第十一觀

佛告阿難。此想成已。復當更教繫念住意。諦觀右腳大指兩節間。令節相離。如三指許。作白光想。持用支拄。若夜坐時。作月光想。若晝坐時。作日光想。連持諸骨。莫令解散。從足至頭。三百六十三解。皆令相離。如三指許。以白光持。不令散落。晝日坐時。以日光持。若夜坐時。以月光持。觀諸節間。皆令白光出。得此觀時。當自然於日光中。見一丈六佛圓光一尋。左右上下。亦各一尋。軀體金色。舉身光明。錟赤端嚴。三十二相。八十種好。皆悉炳然。一一相好。光明得見。如佛在世。等無有異。若見此時。慎莫作禮。但當安意諦觀諸法。當作是念。佛說諸法。無來無去。一切性相。皆亦空寂。諸佛如來。是解脫身。解脫身者。則是真如。真如法中。無見無得。作此想時。自然當見一切諸佛。以見佛故。心意泰然。恬泊快樂。

佛告阿難。汝今諦觀是流光白骨。慎莫忘失。爾時阿難。聞佛所說。歡喜奉行。得此觀者。名第十一白骨流光觀竟。

第十二觀

佛告阿難。得此觀已。復當更教繫心住意。諦觀脊骨。於脊骨間。以定心力作一高臺想。自觀己身。如白玉人。結跏趺坐。以白骨光。普照一切。作此觀時。極使分明。坐此臺已。如神通人。住須彌山頂。觀見四方。無有障閡。自見故身。了了分明。見諸骨人。白如珂雪。行行相向。身體完具。無一缺落。滿於三千大千世界。此名白光想成。

次見縱骨。亦滿三千大千世界。復見橫骨。亦滿三千大千世界。見青色骨人。行行相向。滿三千大千世界。復見黑色骨人。行行相向。滿三千大千世界。復見膖脹人。行行相向。滿三千大千世界。復見膿癩人復見膿血塗身人。滿三千大千世界。復見爛壞舉身蟲出人。滿三千大千世界。復見薄皮覆身人。滿三千大千世界。復見皮骨相離人。滿三千大千世界。復見赤如血色人。滿三千大千世界。復見濁水色人。滿三千大千世界。復見淤泥色人。滿三千大千世界。復見白骨人。毛髮爪齒共相連持。滿三千大千世界。

次見三百六十三節解。唯角相拄。如此骨人。滿三千大千世界。次見節節兩向解離。相去三指許間有白光人。滿三千大千世界。次見散白骨人。唯有白光共相持。滿三千大千世界。如是當見眾多白骨人。數不可說。

得此觀時。當起想念。我此身者。從四大起。枝葉種子。乃至如是不淨之甚。極可患厭。如此境界。從我心起。心想則成。不想不見。當知此想是假觀見。從虛妄見。屬諸因緣。我今當觀諸法因緣。

云何名諸法因緣。諸法因緣者。從四大起。四大者。地水火風。復當觀是風大從四方起。一一風大。猶如大蛇。各有四頭。二上二下。眾多耳中。皆出是風。此觀成時。風變為火。一一毒蛇。吐諸火山。其山高峻。甚可怖畏。有諸夜叉。住火山中。動身吸火。毛孔出風。如是變狀。偏滿一室。滿一室已。復滿二室。滿二室已。漸漸廣大。滿一由旬。滿一由旬已。滿二由旬。滿二由旬已。滿三由旬。滿三由旬已。轉復廣大。滿閻浮提。見諸夜叉。在火山中。吸火負山。毛孔出風。周慞馳走。偏閻浮提。復驚夜叉以逼行者。

見此事時。心大驚怖。求易觀法。易觀法者。先觀佛像。於諸火光端。各作一丈六佛像想。此想成時。火漸漸歇。變成蓮華。眾多火山。如真金聚。內外映徹。諸夜叉鬼。似白玉人。唯有風大。迴旋宛轉。吹諸蓮華。無數化佛。住立空中。放大光明。如金剛山。是時諸風。靜然不動。時四毒蛇。口中吐水。其水五色。偏滿一牀。滿一牀已。復滿二牀。滿二牀已。次滿三牀。如是乃至偏滿一室。滿一室已。次滿二室。滿二室已。次滿三室。如是乃至偏滿十室。水滿十室已。見五色水。色色之中。各有白光。如頗梨幢。有十四重節節皆空。白水涌出。停住空中。

此想成時。行者自見身內心中。有一毒龍。龍有六頭。繞心七帀。

二頭吐水。二頭吐火。二頭吐石。耳中出風。身諸毛孔。各生九十九毒蛇。如是諸蛇。二上二下。諸龍吐水。從足下出。流入白水。如是漸漸滿一由旬。皆見是事。滿一由旬已。復滿二由旬。滿二由旬已。滿三由旬。如是乃至滿閻浮提。

滿閻浮提已。是時毒龍從臍而出。漸漸上向。入於眼中。從眼而出。住於頂上。爾時諸水中。有一大樹。枝葉四布。徧覆一切。如此毒龍。不離己身。吐舌樹上。是龍舌上。有八百鬼。或有鬼神。頭上戴山。兩手如蛇。兩腳似狗。復有鬼神。頭似龍頭。舉身毛孔。有百千眼。眼中火出。齒如刀山。宛轉在地。

復有諸鬼。一一鬼形。有九十九頭。各有九十九手。其頭形狀。極為醜惡。似狗野干。似狸似貓。似狐似鼠。是諸鬼頸。各負獼猴。是諸惡鬼。遊戲水中。或有上樹。騰躍趒擲。有夜叉鬼。頭上火起。是諸獼猴。以水滅火。不能制止。遂使增長。如是猛火。從其水中。頗梨幢邊。忽然熾盛。燒頗梨幢。如融真金。錟錟相次。繞身十帀。住行者上。如真金蓋。有諸羅網。彌覆樹上。此真金蓋。足滿三重。爾時地下。忽然復有四大惡鬼。有百千耳。耳出水火。身毛孔中。雨諸微塵。口中吐風。充滿世界。有八萬四千諸羅剎鬼。雙牙上出。高一由旬。身毛孔中。霹靂火起。如是眾多。走戲水中。復有虎狼師子。豺豹鳥獸。從火山出。遊戲水中。見是事時。一一骨人。滿娑婆界。各舉右手。時諸羅剎。手執鐵叉。擎諸骨人。積聚一處。爾時復有九色骨人。行行相次。來至行者所。如是眾多。百千境界。不可具說。

佛告阿難。此想成時。名四大觀。汝好受持。慎勿忘失。爾時阿難。聞佛所說。歡喜奉行。此想成時。名第十二地大觀。火大觀。風大觀。水大觀。亦名九十八使境界。

第十三觀

佛告阿難。此想成已。復當更教繫念。住意諦觀腰中脊骨。想諸脊骨。白如珂雪。見脊骨已。見舉身骨。節節相拄。轉復明淨。白如頗梨。見一一骨支節。大小一一皆明。如頗梨鏡。火大風水地大。是諸境界。皆於一節中現。

此想成時。見下方地從於牀下。漸漸就開。見一牀下地已。復見二牀下地。見二牀下地已。復見三牀下地。見三牀下地已。漸見一室內。見一室內已。次見二室內。見二室內已。漸見三室內。見三室內已。復見一庭中地。漸漸就開。見此事時。應當諦觀。乃至下方無有障閡。下方風輪中。有諸風起。向諸夜叉。皆吸此風。吸此風已。身諸毛孔生鳩槃茶。一一鳩槃茶。吐諸山火。滿大千世界。是諸山間。忽然復有無量訬女。鼓樂絃歌。至行者前。羅剎復來爭取食之。

行者見已。極大驚怖。不自勝持。出定之時。恆患心痛。頂骨欲破。攝心入定如前。悉見四大境界。見此境界已。四大定力故。自見身體白如玉人。節節上火起。節節下水流。耳中風出。眼中雨石。見此事已。於其前地。有十蚖蛇。其身長大五百由旬。有千二百足。足似毒龍。身出水火。宛轉於地。此想成時。但當至心懺悔先罪。出定之時。不得多語。於寂靜處。一心繫念。唯除食時。復當懺悔。服諸酥藥。然後方當易此觀法。

佛告阿難。此觀名為第二四大觀。汝好受持。慎勿忘失。爾時阿難。聞佛所說。歡喜奉行。此想成時。名第十三結使根本觀竟。

第十四觀（之一）

佛告阿難。此想成已。當更易觀。易觀法者。火大動時。應起山想。當想諸山。猶如冰霜。為火所融。如是猛火。極大熾盛。火熾盛時。身體蒸熱。復更想龍。令雨諸石。以掩猛火。復當想石。使碎如塵。龍復吐風。聚諸微塵。積至成山。無量林木。荊棘叢刺。皆自然生。爾時白水五色具足。流諸刹間。如是諸水。住山頂上。猶如積冰。凝然不動。此想成已。名第十四易觀法。

佛告阿難。若有比丘。比丘尼。優婆塞。優婆夷。三昧正受者。汝當教是易觀法。慎勿忘失。此四大觀。若有得者。佛聽服食酥肉等藥。其食肉時。洗令無味。當如飢世食子肉想。我今此身。若不食肉。發狂而死。是故佛於舍衛國。敕諸比丘。為修禪故。得食三種清淨之肉。爾時阿難。聞佛說法。歡喜奉行。

佛告阿難。教易觀已。復當更教如前繫念。住意諦觀脊骨。復使白淨。過前數倍。於二節間。以明淨故。得見一切諸穢惡事。此想成時。當自觀身作一骨人。節節之中。白淨明顯。如頗梨鏡。閻浮提中一切骨人。及四大觀所有境界。皆於一節中現。見此事已。見諸骨人從東方來。向於行者。行行相次。數如微塵。如是東方滿娑婆世界。諸白骨人。皆行行相次。來向行者。南西北方。四維上下。亦復如是。

復有青色骨人。行行相次。來向行者。滿閻浮提。漸漸廣大。乃至東方滿娑婆世界。南西北方。四維上下。亦復如是。復有淤泥色骨人。行行相次。來向行者。滿閻浮提。漸漸廣大。乃至東方滿娑婆世界。南西北方。四維上下。亦復如是。復有濁水色骨人。行行相次。來向行者。滿閻浮提。漸漸廣大。乃至東方滿娑婆世界。南西北方。四維上下。亦復如是。復有赤色骨人。行行相次。來向行者。滿閻浮提。漸漸廣大。乃至東方滿娑婆世界。南西北方。四維上下。亦復如是。復有紅色骨人。行行相次。來向行者。滿閻浮提。漸漸廣大。乃至東方滿娑婆世界。南西北方。四維上下。亦復如是。復有膿血塗身骨人。行行相次。來向行者。滿閻浮提。漸漸廣大。乃至東方滿娑婆世界。南西北方。四維上下。亦復如是。復有黃色骨人。行行相次。來向行者。滿閻浮提。漸漸廣大。乃至東方滿娑婆世界。南西北方。四維上下。亦復如是。復有綠色骨人。行行相次。來向行者。滿閻浮提。漸漸廣大。乃至東方滿娑婆世界。南西北方。四維上下。亦復如是。復有紫色骨人。行行相次。來向行者。滿閻浮提。漸漸廣大。乃至東方滿娑婆世界。南西北方。四維上下。亦復如是。復有那利瘡色骨人。於諸節間。二節。流出十六色諸惡雜膿。行行相次。來向行者。滿閻浮提。漸漸廣大。乃至東方滿娑婆世界。南西北方。四維上下。亦復如是。

此想成時。行者驚怖。見諸夜叉。欲來噉己。爾時復當見諸骨人。節節火起。焱焱相次。徧滿娑婆世界。復見骨人頂上。涌出諸水。如頗梨幢。復見骨人頭上。一切眾火化為石山。是時諸龍耳出諸風。吹火動山。是時諸山旋住空中。如窯家輪。而無分閡。見此事已。極大驚怖。以驚怖故。有一億鬼。擔山吐火。形狀各異。來至其所。

佛告阿難。若有比丘。正念安住。修不放逸。見此事時。當教諸法空無我觀。出定之時。亦當勸進。令至智者所。問甚深空義。聞空義已。應當自觀。我身者依因父母不淨和合。筋纏血塗。三十六物。汙露不淨。屬諸業緣。從無明起。今觀此身。無一可愛。如朽敗物。作是思惟時。諸骨人皆來逼己。當伸右手。以指彈諸骨人。而作是念。如此骨人。從虛妄想。強分別現。我身亦爾。從四大生。六入村落。所共居止。何況諸骨從虛妄出。

作是念時。諸白骨人。碎散如塵。積聚在地。如白雪山。眾多雜色骨人。有一大虵。忽然吞食。於白雪山上。有一白玉人。身體端嚴。高三十六由旬。頸赤如火。眼有白光。時諸白水。并頗梨幢。悉皆自然入白玉人頂。龍鬼蛇虵。獮猴師子。狸貓之屬。悉皆驚走。畏大火故。尋樹上下。身諸毛孔九十九蛇。悉在樹上。爾時毒龍。宛轉繞樹。復見黑象。在樹下立。

見此事時。應當深心六時懺悔。不樂多語。在空閑處。思諸法空。諸法空中。無地無水。亦無風火。色是顛倒從幻法生。受是因緣。從諸業生。想為顛倒。是不住法。識為不見。屬諸業緣。生貪愛種。如是種種諦觀此身。地大者。從空見有。空見亦空。云何為堅。想地如是。推析何者是地。作是觀已。名觀外地。一一諦觀地大無主。

作是想時。見白骨山。復更碎壞。猶如微塵。唯骨人在。於微塵間。有諸白光。共相連持。於白光間。復生種種四色光明。於光明間。復起猛火。燒諸夜叉。時諸夜叉。為火所逼。悉走上樹。未至樹上。黑象蹋蹴。夜叉出火。燒黑象腳。黑象是時。作聲鳴吼。如師子吼音。

演說苦空無常無我。亦說此身是敗壞法。不久當滅。黑象說已。與夜叉戰。夜叉以大鐵叉。刺黑象心。黑象復吼。一房地動。是時大樹根莖枝葉。一時動搖。龍亦吐火。欲燒此樹。諸蛇驚張。各申九十九頭。以救此樹。

是時夜叉。復更驚起。手執大石。欲擲黑象。黑象即前。以鼻受石。擲置樹上。石至樹上。狀似刀山。是夜叉奮身大踊。身諸毛孔。出諸毒龍。龍有四頭。吐諸烟燄。甚可怖畏。此想成時。自見己身。身內心處。深如阬井。井中有蛇。吐毒上下。現於井上。有摩尼珠。以十四絲繫。懸在虛空。時彼毒蛇。仰口吸珠。了不能得。失捨躄地。迷悶無知。是時口火。還入頂中。行者若見此事。當起懺悔。乞適意食。調和四大。極令安隱。當坐密屋。無鳥雀聲處。

佛告阿難。若比丘。比丘尼。優婆塞。優婆夷。得此觀者。名得地大觀。當勤繫念。慎莫放逸。若修不放逸行。疾於流水。當得頂法。雖復懶惰。已捨三塗惡道之處。捨身他世。生兜率天。值遇彌勒。為說苦。空。無常等法。豁然意解。成阿那含果。

佛告阿難。汝今諦受地大觀法。慎勿忘失。為未來世。一切眾生。敷演廣說。爾時阿難聞佛所說。歡喜奉行。得此觀者。名第十四地大觀竟。亦名分別四大相貌。復名見五陰麤相。有智慧者。亦能自知結使多少。四念處中。名身念處。唯見身外。未見身內。身念處境界四分之中。此是最初。得此觀者。身心悅樂。少於諍訟。

第十四觀（之二）

佛告阿難。此想成已。次當更觀身外。火從因緣有。有緣則起。緣離則滅。如此眾火。來無所從來。去無所至。恍忽變滅。終不暫停。作是思惟時。外火即滅。更不復現。復當思惟。外諸水等。江河池流。皆是龍力變化所成。我今云何橫見此水。此諸水等。來無所從來。去無所至。作是思惟時。外水不現。復當起念。此風者與虛空合。諸龍鳴吼。

假因緣有。如此想者。亦不在內。亦不在外。不在中間。顛倒心故。橫見此事。

作是思惟時。外風不起。復當更繫念思惟。身內脊骨。見身內骨。白如珂雪。一一節間。三十六物穢惡不淨。皆於中現。或見身皮。猶如皮囊。盛諸不淨。無量瘭疽。百千癰疾。悉在其中。諸膿流出。滴滴不絕。當在骨人頭上。極可厭患。或見身內五藏。悉皆走入於大腸中。大腸膖脹。爛潰難堪。

爾時行者。以定力故。出定入定。見一切人及與己身。同不淨聚。見諸女人。身如蟲狗。穢惡不淨。自然當得不貪色想。佛告阿難。此想成時。名第十四觀外四大。亦名漸解學觀空。佛告阿難。汝持佛語。慎勿忘失。爾時阿難。聞佛所說。歡喜奉行。

第十五觀

佛告阿難。此想成已。復當更教繫念。諦觀身內地大。身內地大者。骨齒爪髮。腸胃腹肝心肺諸堅實物。悉是地大精氣所成。外地無常。所以知之。譬如大地。二日出時。大地焦枯。三日出時。江河池沼。悉皆枯竭。四日出時。大海三分減二。五日出時。大海枯盡。六日出時。大地焱起。七日出時。大地然盡。外地猶爾。勢不支久。況身內地。當復堅牢。爾時行者。應自思惟。今我此身。髮是我耶。爪是我耶。骨是我耶。身諸五藏為是我耶。如是諦觀。身諸支節。都無有我。自觀諸骨。一一諦觀此骨者。從何處生。父母和合。赤白精時。如乳時。如泡時。如是歌羅邏時。如安浮陀時。如是諸時。何處有骨。當知此骨。本無今有。已有還無。此骨者同虛空相。外地無常。內地亦爾。作是思惟時。諦觀己身一切諸骨。自然破散。猶如微塵。入定觀骨。但見骨處。不見骨相。出定見身。如前無異。

復當更觀身內諸火。從外火有。外火無常。無有暫停。我今身火。何由久熱。作是觀時。觀諸骨上。一切火光。悉滅不現。復當更觀。身內諸水。我此諸水。因外水有。外水無常。勢不支久。內水亦爾。假緣而有。何處有水。及不淨聚。外風無常。勢不支久。從因緣生。還從緣滅。今我身內。所有諸風。假偽合成。強為機關。何處有風。從妄想起。是顛倒見。作是思惟時。不見身內諸龍。耳中所有諸風。悉滅不現。如是種種。諦自思惟。何處有人。及地水火風。觀此地是敗壞法。觀此火猶如幻。又觀此風。從顛倒起。觀此水從虛妄想現。作是觀時。行者見身。猶如芭蕉。中無堅實。或自見心。如水上泡。聞諸外聲。猶如谷聲。

作是觀時。見諸骨上一切火光。見白光水。見諸龍風。悉在一處。觀身靜寂。不識身相。身心安隱恬怕悅樂。如此境界。名第十五四大觀竟。

第十六觀

佛告阿難。汝今至心受持。此四大觀法。慎勿忘失。為未來世一切眾生。當廣演說。爾時阿難。聞佛所說。歡喜奉行。作此觀時。以學觀空故。身虛心勞。應服酥及諸補藥。於深禪定。應作補想觀。補想觀者。先自觀身。使皮皮相裹。猶如芭蕉。然後安心。自開頂上想。復當勸進。釋梵護世諸天。使持金瓶。盛天藥。釋提桓因在左。護世諸天在右。持天藥灌頂。舉身盈滿。晝夜六時。恆作此想。若出定時。求諸補藥。食好飲食。恆坐安隱。快樂倍常。修是補身。經三月已。然後更念其餘境界。禪定力故。諸天歡喜。時釋提桓因。為說甚深空無我法。讚歎行者。頭面敬禮。以服天藥。故出定之時。顏色和悅。身體潤澤。如膏油塗。見此事者。名第十六四大觀竟。

第十七觀

佛告阿難。此想成已。復當更教繫念。住意令觀外色。一切色者。從何處生。作此觀時。見外五色。如五色光。圍繞己身。此想現時。自觀身胸胸骨。漸漸明淨如頗梨鏡。明顯可愛。復見外色。一一衆色。明如日光。得此觀時。四方自然生四黑象。黑象大吼。蹋衆色滅。如是衆色。在地者滅。於虛空中。玄黃可愛。倍復過常。爾時大象。以鼻繞樹。四象四邊。欲拔此樹。不能傾動。復有四象。以鼻繞樹。亦不能動。

爾時行者。見此事已。出定之時。應於靜處。若在冢間。若在樹下。若阿練若處。覆身令密。應當靜寂。更求好藥。以補己身。如上修習補身藥法。復經三月。一心精進。如救頭然。心不放逸。於所受戒。不起犯心。晝夜六時。懺悔諸罪。復更思惟。身無我空。如前境界。一一諦觀。極令明了。

此想成時。胸骨漸明。猶如神珠。內外映徹。心內毒蛇。復更踊身。騰住空中。口中有火。欲吸摩尼珠。了不能得。如前失捨。自撲於地。身心迷悶。望見四方。爾時諸象。復更奔競。來至樹所。時諸夜叉。羅剎惡獸。諸龍蛇等。俱時吐毒。與黑象戰。爾時黑象。以鼻繞樹。聲吼而挽。象挽樹時。諸龍夜叉。吐毒前戰。不肯休息。

爾時地下。有一師子。兩眼明顯。似如金剛。忽然踊出。與諸龍戰。爾時諸龍。踊住空中。象故挽樹。終不休息。地漸漸動。是時行者。地動之時。當觀此地。從空而有。非堅實法。如此地者。如乾闥婆城。如野馬行。從虛妄出。何緣而動。作是思惟時。自見己身胸骨。乃至面骨。漸漸明淨。見諸世間。一切所有。皆悉明了。得此觀時。如執明鏡。自觀面像。行者爾時。見諸身外。一切眾色。及諸不淨。亦見身內。一切不淨。此想成時。名第十七身念處觀。佛告阿難。汝好受持此身念處灌頂章句。慎勿忘失。開甘露法門。為未來世一切眾生。當廣演說。爾時阿難。聞佛所說。歡喜奉行。

第十八觀

佛告阿難。此想成已。復當更教繫念。思惟諦觀面骨。自見面骨。如白玉鏡。內外俱淨。淨如明鏡。漸漸廣大。見舉身骨。白如頗梨鏡。內外俱淨。一切眾色。皆於中現。須臾見身如白玉人。復見澄清如毗琉璃。表裏俱空。一切眾色。皆於中現。復見己身。如白銀人。唯薄皮在。皮極微薄。薄於天劫貝。內外映徹。復見己身。如閻浮檀那金人。內外俱空。復見己身。如金剛人。見此地時。黑象倍多。以鼻繞樹。盡己身力。不能令動。

爾時眾象。吼聲震烈。驚動大地。大地動時。有金剛山。從下方地出。住行者前。爾時行者。見己四邊。有金剛山。復見前地。猶如金剛。復見諸龍。尋樹上下。吐金剛珠。樹遂堅固。象不能動。唯五色水。從樹上出。仰流樹枝。從於樹端。下流葉間。乃至樹莖。亦流金剛山間。布散彌漫。滿於大地。金剛地下。乃至金剛山。此五色水。放五色光。或上或下。遊行無常。

爾時黑象。從金剛山出。欲吸此水。諸龍吐毒。與大象戰。爾時諸蛇。入龍耳中。并力作勢。共黑象戰。爾時黑象。盡力蹴蹼。亦無奈何。見此事時。諸水光明。皆作妓樂。或有變化。狀如天女。歌詠作伎。甚可愛樂。此女端正。天上人間。無有比類。其所作樂。及玅音聲。忉利天上。亦無此比。如是化女。作諸技術。數億千萬。不可具說。見此事時。慎勿隨著。應當繫心。念前不淨。出定之時。應詣智者。問甚深空義。

爾時智者。應為行者。說無我空。爾時行者。復應繫念如前。自觀身骨。自見胸骨。明淨可愛。一切不淨。皆於中現。見此事已。當自思惟。如我今者。髮是我耶。骨是我耶。爪是我耶。齒是我耶。色是我耶。受是我耶。想是我耶。識是我耶。一一諦觀。無明是我耶。行是我耶。識是我耶。名色是我耶。六入是我耶。觸是我耶。受是我耶。愛是我耶。取是我耶。有是我耶。生是我耶。老死是我耶。若死是我者。諸蟲唼食。散滅壞時。我是何處。若生是我者。念念不住。於此生中。無常住想。當知此生。亦非是我。若頭是我。頭骨八段。解解各異。腦中生蟲。觀此頭中。而實無我。若眼是我。眼中無實。地與水合。假火為明。假風動轉。散滅壞時。烏鵲等鳥。皆來食之。瘭疽諸蟲。所共唼食。諦觀此眼。若心是我。風力所轉。無蹔停時。亦有六龍。舉此心中。有無量毒。心為根本。推此諸毒。及與心性。皆從空有。妄想名我。如是諸法。地水火風。色香味觸。及十二緣。一一諦推。何處有我。

觀身無我。云何有我所。我所者。為青色是我。黃色是我。赤色是我。白色是我。黑色是我。此五色者。從可愛有。隨縛著生。欲水所染。從老死河生。從恩愛賊起。從癡惑見。如此眾色。實非是我。惑著眾生。橫言是我。虛見眾生。復稱我所。一切如幻。何處有我。於幻法中。豈有我所。作是思惟時。自見身骨。明淨可愛。一切世間。所希見事。皆於中現。復見己身。如毗琉璃人。內外俱空。如人戴琉璃幢。仰看空中。一切皆見。爾時行者。於自身內。及與身外。以觀空故。學無我法。自見己身。兩足如琉璃筒。亦見下方。一切世間。所希見事。此想成時。行者前地。明淨可愛。如毗琉璃。極為映徹。持戒具者。見地清淨。如梵王宮。威儀不具。雖見淨地。猶如水精。

此想成時。有無量百千。無數夜叉羅剎。皆從地出。手執白羊角。龜甲白石。打金剛山。復有諸鬼。手執鐵槌。打金剛山。是時山上。有五鬼神。千頭千手。手執千劍。與羅剎戰。毒蛇毒龍。皆悉吐毒。圍繞此山。復有諸女。作妓歌詠。作諸變動。護助此山。若見此事。當一心觀諸女現時。當觀此女。猶如畫瓶。中盛臭處。不淨之器。從虛妄出。來無所因。去亦無處。如此相貌。是我宿世惡業罪緣。故見此女。此女人者。是我妄想。無數世時。貪愛因緣。從虛妄見。應當至心。觀無我法。我身無我。他身亦然。今此所見。屬諸因緣。我不願求。我觀此身。無常敗壞。亦無我所。何處有人。及與眾生。作此思惟已。一心諦觀。空無我法。觀無我時。下方琉璃地際。有四大鬼神。自然來至。負金剛山。時諸夜叉羅剎。亦助此鬼。破金剛山。時金剛山。漸漸頽毀。經於多時。泓然都盡。唯金剛地在。爾時諸象。及諸惡鬼。并力挽樹。樹堅難動。

見此事已。復更歡喜。懺悔諸罪。懺悔罪已。如前繫念。觀琉璃人。琉璃地上。於四方面。生四蓮華。其華金色。亦有千葉。金剛為臺。有一金像。結跏趺坐。身相具足。光明無缺。在於東方。南西北方。亦復如是。復自見琉璃身。益更明淨。內外洞徹。無諸障礙。身內身外。滿中化佛。是諸化佛。各放光明。其光微妙。如億千日。顯赫端嚴。偏滿一切三千大千世界。滿中化佛。一一化佛。有三十二相。八十種隨形好。一一相好。各放千光。其光明盛。如和合百千日月。一一光間。有無數佛。如是漸漸。復更增廣。數不可知。一一燄間。復更倍有無數化佛。是諸化佛。迴旋宛轉。入琉璃人身中。爾時自見己身。如七寶山。高顯可觀。復更嚴顯。如雜寶須彌山。山映顯在金剛地上。時金剛地。復更明顯。如燄摩天。紫紺摩尼珠。身轉復明淨。如無數諸佛。

光明化成寶臺。亦入琉璃人頂。復見前地。在鐵圍山。滿中諸佛結跏趺坐處。蓮華臺地及虛空中間無缺。一一化佛。身滿世界。是諸化佛。不相妨礙。復見鐵圍諸山。淨如琉璃。無障礙想。見閻浮提。山河石壁。樹木荊棘。一切悉是諸玅化佛。心漸廣大。見三千大千世界虛空及地。一切悉是微玅佛像。是時行者。但觀無我。慎勿起心隨逐佛像。復當思惟。我聞佛說。諸佛如來。有二種身。一者生身。二者法身。今我所見。既非法身。又非生身。是假想見。從虛妄起。諸佛不來。我亦不去。云何此處。忽生佛像。說是語時。但當自觀。己身無我。慎勿隨逐。諸化佛像。

復當諦觀。今我此身。前時不淨。九孔膿流。筋纏血塗。生藏熟藏。大小便利。八萬戶蟲。一一蟲復有八十億小蟲。以為眷屬。如此之身。當有何淨。作是思惟時。自見己身。猶如皮囊。出定亦見身內無骨。身皮如囊。亦觀他身。猶如皮囊。見此事時。當詣智者。問諸苦法。聞苦法已。諦觀此身。屬諸因緣。當有生苦。既受生已。憂悲苦惱。恩愛別離。與怨憎會。如是種種。是世間苦法。今我此身。不久敗壞。在苦網中。屬生死種。風刀諸賊。隨從我身。阿鼻地獄。猛火熾然。當焚燒我。駝驢豬狗。一切畜生。及諸禽獸。我悉當經。受諸惡形。如此諸苦。名為外苦。今我身內。自有四大毒龍。無數毒蛇。一一蛇有九十九頭。羅剎惡鬼。及鳩槃荼諸惡鬼等。集在我心。如此身心。極為不淨。是弊惡聚。三界種子。萌芽不斷。云何我今於不淨中。而生淨想。於虛妄物。作金剛想。於無佛處。作佛像想。一切世間。諸行性相。悉皆無常。不久磨滅。如我此身。如彈指頃。亦當敗壞。用此虛想。於不淨中。假偽見淨。

作是思惟時。自見己身。淨如琉璃。皮囊諸相。自然變滅。觀身及我。了不能得。但見四方有諸黑象。踐蹋前地。前地金剛。一切摧碎。見地樹荄。乃至下方。眾荄甚多。不可稱數。爾時黑象。如前。以鼻繞樹。無量諸龍。及諸夜叉。與黑象共戰。狂象蹴蹋。是諸鬼神。悶絕躃地。於虛空中。有諸鬼神。其數眾多。手捉刀輪。佐助黑象。欲拔此樹。如是多時。樹一根動。此樹動時。行者自見。繩牀下地。自然震動。日日如是。滿九十日。如是應當乞好美食。及諸補藥。以補身體。安隱端坐。復如前法。如前所見。從初境界。一一諦觀。往復反覆。經十六反。極令明淨。

既明淨已。復還繫念。觀身苦空。無常無我。悉亦皆空。作是思惟時。觀身不見身。觀我不見我。觀心不見心。爾時。忽然見此大地。山河石壁。一切悉無。出定之時。如癡醉人。應當至心修懺悔法。禮拜塗地。放捨此觀。禮拜之時。未舉頭頃。自然得見如來真影。以手摩頭。讚言。法子。善哉善哉。汝今善觀。諸佛空法。以見佛影故。心大歡喜。還得醒悟。爾時。尊者摩訶賓頭盧。與五百阿羅漢。飛至其前。廣為宣說。甚深空法。以見五百聲聞比丘故。心大歡喜。頭頂懺悔。復見尊者舍利弗。摩訶目犍羅夜那。及千二百五十聲聞影。

爾時復見。釋迦牟尼佛影。見釋迦牟尼佛影已。復得見過去六佛影。是時諸佛影如頗梨鏡。明顯可觀。各伸右手。摩行者頂。諸佛如來。自說名字。第一佛言。我是毗婆尸。第二佛言。我是尸棄。第三佛言。我是毗舍。第四佛言。我是拘樓孫。第五佛言。我是迦那含牟尼。第六佛言。我是迦葉毗。第七佛言。我是釋迦牟尼佛。是汝和上。汝觀空法。我來為汝作證。六佛世尊現前證知。見佛說是語時。見佛色身。了了分明。亦見六佛。了了分明。爾時七佛。各放眉間白毫大人相光。光明大盛。照娑婆世界。及琉璃身。皆令明顯。爾時諸佛。現此相時。諸毛孔放大光明。化佛無數。徧滿三千大千世界。地及虛空。純黃金色。是諸世尊。中有飛行者。中有作十八變者。中有經行者。中有入深禪定者。中有默然安住者。中有放大光明者。唯大和上釋迦牟尼佛。為於行者。說四真諦。分別苦空。無常無我。諸法空義。過去六佛。亦復分別十二因緣。或復演說三十七道品。讚歎聖行。

爾時行者。見佛聞法。心生歡喜。應時自思惟。諸佛世尊。有二種身。今我所見。見佛色身。不見如來。解脫知見。五分法身。作是思惟時。復更懺悔。慇懃不懈。晝夜六時。恆修三昧。應作是念。此色身如幻如夢。如燄如旋火輪。如乾闥婆城。如呼聲響。是故佛說。一切有為法。如夢幻泡影。如露亦如電。如是諸法等。我今一一應當諦觀。極令了了。作是觀時。化佛不現。若有少在。復更觀空。以觀空故。化佛即滅。唯七佛在。

爾時七佛。與諸聲聞眷屬大眾。廣為行者說三十七助聖道法。聞此法已。身心歡喜。復更諦觀。苦空無常。無我等法。作是觀時。狂象大吼。挽樹令動。樹初動時。見一房地。六變震動。復有夜叉。刺黑象殺。眾多黑象。死臥在地。不久爛潰。白膿黑膿。青膿黃膿。綠膿紫膿。赤膿赤血。流汙在地。復有蜣蜋諸蟲。遊集其上。復有諸蟲。眼中出火。燒蜣蜋殺。

爾時下方金剛地際。有五金剛輪。有五金剛人。在其輪間。右手執金剛劍。左手執金剛杵。以杵擣地。以劍斫樹。見此事時。大地漸動。見城內地。六種震動。見一城已。復見二城。漸漸廣大。見一踰闍那。見一踰闍那已。復更廣大。普見三千大千世界。一切地動。動時東踴西沒。西踊東沒。南踊北沒。北踊南沒。中踊邊沒。邊踊中沒。此地動時。大樹荄。乃至金剛際。時金剛人。以刀斫之。令樹荄絕。樹荄絕時。諸龍諸蛇。皆悉吐燄。尋樹而上。爾時復有眾多羅剎。積薪樹上。

時金剛人。以金剛杵擣樹枝折。擣此樹時。一杵乃至八萬四千杵。樹枝方折。爾時杵端自然出火。燒此樹盡。唯有樹心。如金剛錐。從三界頂。下至金剛際。不可傾動。是時行者。得此觀時。出定安樂。出定入定。心恆寂靜。無憂喜想。復懃精進。晝夜不息。以精進故。世尊釋迦牟尼。與過去六佛。當現其前。為說甚深空三昧。無願三昧。無作三昧。聞已歡喜。隨順佛教。諦觀空法。如大水流不久當得阿羅漢道。

佛告阿難。此不淨想觀是大甘露。滅貪婬欲。能除眾生結使心病。汝好受持。慎勿忘失。若佛滅度後。比丘。比丘尼。優婆塞。優婆夷。聞此甘露灌頂聖法。能攝諸根。至心繫念。諦觀身分。心不分散。斂心使住。經須臾間。此人命終。得生天上。若復有人。隨順佛教。繫念諦觀。一爪一指。令心安住。當知此人。終不墮落三惡道中。

若復有人。繫念諦觀。見舉身白骨。此人命終。生兜率陀天。值遇一生補處菩薩。號曰彌勒。見彼天已。隨從受樂。彌勒成佛。最初聞法。得阿羅漢果。三明六通。具八解脫。若復有人。觀此不淨。得具足者。於此身上。見佛真影。聞佛說法。得盡諸苦。

爾時阿難。即從座起。整衣服為佛作禮。叉手長跪白佛言。世尊。此法之要。云何受持。當何名此法。佛告阿難。此名觀身不淨雜穢想。亦名破我法觀無我空。汝好受持。為未來世濁苦眾生。貪婬多者。當廣分別。佛說是語。時釋梵護世無數天子。持天曼陀羅華。摩訶曼陀羅華。曼殊沙華。摩訶曼殊沙華。而散佛上。及諸大眾。頂禮佛足。讚歎佛言。如來出世。甚為希有。乃能降伏驕慢邪見迦絺羅難陀。亦為未來貪婬眾生。說甘露藥。增長天種。不斷三寶。善哉世尊。快說是法。龍神夜叉。乾闥婆等。亦同諸天。讚歎於佛。尊者阿難。迦絺羅難陀。及千比丘。無量諸天。八部之眾。聞佛所說。歡喜奉行。禮佛而退。得此觀者。名十色不淨。亦名分別諸蟲境界。是最初不淨門。有十八方便。

諸境界性。不可具說。入三昧時。當自然得。此第十八一門觀竟。

如是我聞。一時佛住舍衛國。祇樹給孤獨園。爾時世尊。與千二百五十比丘俱。是時會中。有一比丘。名禪難提。於深禪定。久已通達。成阿羅漢。三明六通。具八解脫。即從坐起。正衣服叉手長跪。而白佛言。如來今者。現在世間。利安一切。佛滅度後。佛不現在。諸四部眾。有業障者。若繫念時。境界不現在前。如是煩惱及一切罪犯突吉羅。乃至重罪欲懺悔者。當云何滅是諸罪相。若復有人。殺生邪見。欲修正念。當云何滅邪見殺生惡煩惱障。作是語已。如大山崩。五體投地。頂禮佛足。復白佛言。唯願世尊。為我解說。令未來世一切眾生。恆得正念。不離賢聖。爾時世尊。猶如慈父。安慰其子。告言善哉善哉。善男子。汝行慈心。與慈俱生。今俱大悲。無漏根力。覺道成就。汝於今日。為未來世一切眾生。問除罪法。諦聽諦聽。善思念之。爾時世尊。即放頂光。此光金色。有五百化佛。繞佛七帀。照祇陀林。亦作金色。現此相已。還從佛枕骨入。

第十九觀

爾時世尊。告禪難提及敕阿難。汝等當教未來眾生。罪業多者。為除罪故。教使念佛。以念佛故。除諸業障。報障。煩惱障。

念佛者。當先端坐叉手。閉眼舉舌向齶。一心繫念。心心相注。使不分散。心既定已。先當觀像。觀像者。當起想念。觀於前地。極使白淨。取相長短。壁方二丈。益使明淨。猶如明鏡。見前地已。見左邊地。亦使明淨。見右邊地。亦使明淨。及見後地。亦使明淨。使四方地。悉平如掌。其一一方。各作二丈地想。極使明淨。地既明已。還當攝心觀於前地。作蓮花想。其華千葉。七寶莊嚴。復當作一丈六金像想。令此金像。結跏趺坐。坐蓮華上。見此像已。應當諦觀頂上肉髻。見頂上肉髻。髮紺青色。一一髮舒長丈三。還放之時。右旋宛轉。有琉璃光。住佛頂上。如是一一孔。一毛旋生。觀八萬四千毛。皆使了了。見此事已。次觀像面。像面圓滿。如十五日月。威光益顯。分齊分明。

復觀額廣平正。眉間毫相。白如珂雪。如頗梨珠。右旋宛轉。復觀像鼻。如鑄金鋌。似鷹王嘴。當於面門。復觀像口。脣色赤好。如頻婆羅果。次觀像齒。口四十齒。方白齊平。齒上有印。印中出光。如白真珠。齒間紅色。流出紅光。次觀像頸。如琉璃筒。顯發金顏。

次觀像胸。德字卍字。眾相印中。極令分明。印印出光。五色具足。次觀佛像臂。如象王鼻。柔輭可愛。次觀像手。十指參差。不失其所。手內外握。手上生毛。如琉璃光。毛悉上靡。如赤銅爪。爪上金色。爪內紅色。如赤銅山。與紫金合。次觀合曼掌。猶如鵝王。舒時則現。似真珠網。攝手不見。觀像手已。

次觀像身。方坐安隱。如真金山。不前不卻。中坐得所。復觀像脛。如鹿王腨。傭直圓滿。次觀足趺。平滿安詳。足下蓮華。千輻具足。足上生毛。如紺琉璃。毛皆上靡。腳指齊整。參差得中。爪色赤銅。於腳指端。亦有千輻相輪。腳指網間。猶如羅文。似雁王腳。如是諸事。及與身光圓光項光。光有化佛。諸大比丘眾化菩薩。如是化人。

如旋火輪。旋逐光走。

如是逆觀者。從足逆觀。乃至頂髻。順觀者。從頂至足。如是觀像。使心分明。專見一佛像。見一像已。復當更觀。得見二像。見二佛像時。使佛像身。成琉璃出眾色光。餤餤相次。如燒金山。化像無數。見二像已。復見三像。見三像已。復見四像。見四像已。復見五像。見五像已。乃至見十像。見十像已。心轉明利。見閻浮提。齊四海內。凡夫心狹。不得令廣。若廣大者。攝心令還。齊四海內。以鐵圍山為界。見此海內。滿中佛像。三十二相。八十隨形好。皆使分明。一一相好。有無數光。若於眾光。見一一境界。雜穢不淨。從罪報得。復應更起。掃兜婆塗地。造作淨籌。謙卑下下。修諸懺悔。

復當安心正念一處。如前觀像。不緣餘事。諦觀像眉間。觀像眉間已。次第觀其餘諸相。一一相好。皆使分明。若不分明。更復懺悔。作諸苦役。然後攝心。如前觀像。見諸佛像。身色端嚴。三十二相。皆悉具足。滿四海內。皆坐華上。見坐像已。復更作念。世尊在世。執鉢持錫。入里乞食。處處遊化。以福度眾生。我於今日。但見坐像。不見行像。宿有何罪。作是念已。復更懺悔。既懺悔已。如前攝心。繫念觀像。觀像時。見諸坐像。一切皆起。巨身丈六。方正不傾。身相光明。皆悉具足。

見像立已。復見像行。執鉢持錫。威儀詳序。諸天人眾。皆亦圍繞。復有眾像。飛騰虛空。放金色光。滿虛空中。猶如金雲。復似金山。相好無比。復見眾像。於虛空中。作十八變。身上出水。身下出火。或現大身。滿虛空中。大復現小。如芥子許。履地如水。履水如地。於虛空中。東踊西沒。西踊東沒。南踊北沒。北踊南沒。中踊邊沒。邊踊中沒。上踊下沒。下踊上沒。行住坐臥。隨意自在。

見此事已。復當作念。世尊在世。教諸比丘。右脇而臥。我今亦當。觀諸像臥。尋見諸像。疊僧伽梨。枕右肘右脅而臥。脅下自然生金色牀。金光旃檀。種種雜色。眾妙蓮華。以為敷具。上有寶帳。垂諸瓔珞。佛放大光。滿寶帳內。猶如金華。復似星月。無量寶光。猶如團雲。處空明顯。中有化佛。彌滿虛空。

見臥像已。復當作念。過去有佛。名釋迦牟尼。唯獨一身。教化眾生。住在此世。四十九年。入大涅槃。而般涅槃。猶如薪盡火滅。永滅無餘。我今心想。以想心故。見是多像。此多像者。來無所從。去無所至。從我心想。妄見此耳。作是念時。漸漸消滅。眾像皆盡。唯見一像。獨坐華臺。結跏趺坐。諦觀此像。三十二相。八十種好。皆使明了。見此像已。名觀像法。佛告禪難提。及敕阿難。佛滅度後。若比丘。比丘尼。優婆塞。優婆夷。欲懺悔者。欲滅罪者。佛雖不在。繫念諦觀形像者。諸惡罪業。速得清淨。

觀此像已。復當更觀。從像臍中。便放一光。其光金色。分為五支。一光照左。一光照右。一光照前。一光照後。一光照上。如是五光。光光之上。皆有化佛。佛相次第。滿虛空中。見此相時。極使明了。復見化佛上至梵世。彌滿三千大千世界。於三千大千世界中。見金色光。如紫金山。內外無妨。見此事時。心意快然。見前坐像。如佛真影。

見佛影已。復當作念。此是影耳。世尊威力智慧自在。現作此事。我今應當諦觀真佛。爾時尋見佛身。微玅如淨琉璃。內有金剛。於金剛內。有紫金光。共相映發。成眾相好。三十二相。八十種好。猶如印文。炳然明顯。微玅清淨。不可具說。手執澡瓶。住立空中。瓶內盛水。狀如甘露。其水五色。五光清淨。如琉璃珠。柔輭細滑。灌行者頂。滿於身中。自見身內。水所觸處。八十戶蟲。漸漸萎落。蟲既萎已。身體柔輭。心意悅樂。當自念言。如來慈父。以此法水。上味甘露。而灌我頂。此灌頂法。必定不虛。爾時復當更起想念。唯願世尊。為我說法。罪業除者。聞佛說法。

佛說法者。說四念處。說四正勤。說四如意足。五根五力。說七覺。說八聖道。此三十七法。一一分別為行者說。說此法已。復教觀苦空無常無我。教此法已。以見佛故。得聞玅法。心意開解。如水順流。不久亦成阿羅漢道。

業障重者。見佛動口。不聞說法。猶如聾人。無所聞知。爾時復當更行懺悔。既懺悔已。五體投地。對佛啼泣。經歷多時。修諸功德。然後方聞佛所說法。雖聞說法。於義不了。復見世尊。以澡瓶水。灌行者頂。水色變異。純金剛色。從頂上入。其色各異。青黃赤白。眾穢雜相。亦於中現。水從頂上入。直下身中。從足跟出。流入地中。其地即時變為光明。大如丈許。下入地中。如是漸深。直到水際。到水際已。復當作意。隨此光去。復觀此水。水下淳空。復更當觀空。下有紺琉璃地。琉璃地下。有金色地。金色地下。有金剛地。金剛地下。復見虛空。見此虛空。豁然大空。都無所有。

見此事已。復還攝心。如前觀一佛像。爾時彼佛。光明益顯。不可具說。復持澡瓶水。灌行者頂。水相光明。亦如上說。如是七徧。佛告禪難提。此名觀像三昧。亦名念佛定。復名除罪業。次名救破戒。令毀禁戒者。不失禪定。佛告阿難。汝好受持。此觀佛三昧。灌頂之法。為未來世。一切眾生。當廣分別。

佛說是語時。尊者禪難提及諸天眾。千二百五十比丘。皆作是言。如來世尊。於今日為諸眾生亂心多者。說除罪法。唯願世尊。更開甘露。令諸眾生。於佛滅後。得涅槃道。禪難提比丘。聞佛說此觀佛三昧。身心歡喜。應時即得無量三昧門。豁然意解。成阿羅漢。三明六通。皆悉具足。佛告阿難。此想成者。名第十九觀佛三昧。亦名灌頂法。汝好受持。慎勿忘失。為未來世。一切眾生。分別廣說。佛說此語時。諸比丘眾。聞佛所說。歡喜奉行。

第二十觀

佛告阿難。貪婬多者。雖得如此觀佛三昧。於事無益。不能獲得賢聖道果。次當更教自觀己身。令如前法。還作骨人。使皎然大白。猶如雪山。復當繫念。住意在臍中。或在腰中。隨息出入。一數二隨。或二數三隨。或三數四隨。或四數五隨。或五數六隨。或六數七隨。或七數八隨。或八數九隨。或九數十隨。終而復始。隨息往反。至十復捨數而止。爾時心意。恬靜無為。自見身皮。猶如練囊。見此事已。不見身骨。不知身處。

爾時復當更教起想。還使身內心意身體支節。如白玉人。既見此已。復當繫念。在腰中脊骨大節上。令心不散。爾時復當自然見身上有一明相。大如錢許。漸漸廣大。如摩伽大魚耳。周徧雲集。復似白雲。於白雲內。有白光明。如頗梨鏡。光明漸盛。舉體明顯。復有白光。團圓正等。猶如車輪。內外俱明。明過於日。見此事時。復更如前。一數二隨。或二數三隨。或三數四隨。或四數五隨。或五數六隨。或六數七隨。或七數八隨。或八數九隨。或九數十隨。或單或複。修短隨意。如是繫念。在於密處。使心不散。

復當繫念如前。更觀腰中大節。觀大節時。定心不動。復自見身。更益明盛。勝前數倍。如大錢許。倍復精進。遂更見身明倍增。長如澡鑵口。世間明物。無以為譬。見此明已。倍懃精進。心不懈退。復見此明。當於胸前。如明鏡許。見此明時。當懃精進。如救頭然。慇懃不止。遂見此明。益更增盛。諸天寶珠。無以為譬。其明清淨。無諸瑕穢。有七種色光。光七寶色。從胸而出。入於明中。此相現時。遂大歡喜。自然悅樂。心極安隱。無物可譬。復更精進。心不懈息。見光如雲。繞身七帀。其一一光。化成光輪。於光輪中。自然當見。十二因緣根本相貌。若不精進。懈怠懶惰。犯於輕戒。乃至突吉羅罪。見光即黑。猶如牆壁。或見此光。猶如灰炭。復見此光。似敗故衲。由意縱逸。輕小罪故。障蔽賢聖無漏光明。

佛告阿難。此不淨觀灌頂法門。諸賢聖種。敕諸比丘。比丘尼。優婆塞。優婆夷。若有欲修諸賢聖法。諦觀諸法。苦空無常無我因緣。如學數息。使心不亂。當勤持戒。一心攝持。於小罪中。應生慇重。慚愧懺悔。乃至小罪。慎勿覆藏。若覆藏罪。見諸光明。如朽敗木。見此事時。即知犯戒。復更慚愧。懺悔自責。掃兜婆塗地。作諸苦役。復當供養恭敬師長父母。於師父母。視如佛想。極生恭敬。復從師父母。求弘誓願。而作是言。我今供養師長父母。以此功德。願我世世恆得解脫。如是慚愧修功德已。如前數息。還見此光。明顯可愛。如前無異。

復當更繫念。諦觀腰中大節。念心安定。無分散意。設有亂心。復當自責。慚愧懺悔。既懺悔已。復見臍光。七色具足。猶如七寶。當令此光。合為一光。鮮白可愛。見此事已。如前還教繫念。思惟觀白骨人。白如珂雪。既見白骨人已。復當更教繫念。住意在骨人頂。見骨人頂自然放光。其光大盛。似如火色。長短麤細。正共稍等。從其頂上。顛倒下垂。入頂骨中。從頂骨出。入頸骨中。從頸骨出。入胸骨中。從胸骨出。還入臍中。從臍中出。即入脊骨大節中。入大節中已。光明即滅。光明滅已。應時即有一自然大光明雲。眾寶莊嚴。寶華清淨。色中上者。中有一佛。名釋迦牟尼。光相具足三十二相。八十種隨形好。一一相好。放千光明。此光大盛。如億千萬日。明赫炎炎。彼佛亦說四真諦法。光相炳然。住行者前。以手摩頭。化佛復教言。汝前身時。貪欲瞋恚愚癡因緣。隨逐諸惡無明覆故。令汝世世受生死身。汝今應當觀汝身內。諸萎悴事。身外諸火。一切變滅。

作是語已。如前還教不淨觀法。觀身諸蟲。一切萎落。見此事已。復當起火燒諸蟲殺。蟲既不死。復自見身如白頗梨。自然鮮白。見白骨已。從頭出光。其光大小麤細如稍。令長丈五。復當作念。使頭卻向。復當作意。使頭卻向。令身皆倒。以頭拄脊骨。對臍大節。見此事已。復當諦觀。使白骨人。與光同色。既同色已。見其光端。有種種色果。見是果已。復見眾光。從果頭出。有白色光。其光大盛。如白寶雲。是諸骨人。其色鮮白。與光無異。

復見諸骨。摧折墮落。或有頭落地者。或有骨節各各分散。或有全身白骨。猶如猛風吹於雨雪。聚散不定。譬如掣電。隨現隨滅。此諸骨人。墮地成聚。猶如堆阜。似腐木屑。集聚一處。行者自觀。見於阜上。有自然氣出至於虛空。猶如煙雲。其色鮮白。彌滿虛空。右旋宛轉。復還雲集。併在一處。

見此事時。復當教作一骨人想。見此骨人。身有九色。九畫分明。

一一畫中。有九色骨人。其色鮮明。不可具說。一一骨人。復當皆使身體具足。映顯前骨人中。使不妨礙。作是觀已。復當自觀。一一色中。猶如琉璃。無諸障蔽。於其色中。九十九色。一一色復有九色。衆多骨人。是諸骨人。有種種相。其性不同。不相妨礙。見此事已。應勤精進。滅一切惡。見此事已。前聚光明雲。猶如坏器來入其身。從臍中入。既入臍已。入脊骨中。入脊骨已。自見己身。與本無異。平復如故。出定入定。以數息故。恆見上事。見此事時。復當還教繫心。住意在本臍光中。不令心散。爾時心意。極大安隱。

既安隱已。復當自學。審諦分別諸聖解脫。爾時復當見過去七佛。為其說法。說法者。說四真諦。說五受陰空無我所。是時諸佛。與諸賢聖。恆至行者前。教種種法。亦教觀空。無我。無作。無願三昧。

告言法子。汝今應當諦觀。色聲香味觸。皆悉無常。不得久立。恍忽如電。即時變滅。亦復如幻。猶如野馬。如熱時燄。如乾闥婆城。如夢所見。覺不知處。如鑿石見光。須臾變滅。如鳥飛空。迹不可尋。如呼聲響。無有應者。汝今亦當作如是觀。三界如幻。亦如變化。於此即見。一切身內。及與身外。空無所有。如鳥飛空。無所依止。心超三界。觀諸世間。須彌巨海。皆不久停。亦如幻化。自觀己身。不見身相。便作是念。世界無常。三界不安。一切都空。何處有身。及眼所對。

此諸色欲。及諸女人。從顛倒起。橫見可愛。實是速朽敗壞之法。夫女色者。猶如枷鎖。勞人識神。愚夫戀著。不知厭足。不能自拔。不免杻械。不絕枷鎖。行者既識法相。知法空寂。此諸色欲。猶如怨賊。何可戀惜。復似牢獄。堅密難捨。我今觀空。厭離三界。觀見世間。如水上泡。斯須磨滅。心無眾想。得知世法。是重患累。凡夫迷惑。至死不覺。不知眾苦。戀著難免。縱情狂惑。無所不至。我今觀此。狂惑女色。如呼聲響。亦似鏡像。求覓叵得。觀此女色。為在何處。妄見衰害。欺諸凡夫。為害滋多。今觀此色。猶如狂華。隨風零落。出無所從。去亦無所至。幻惑無實。愚夫樂著。今觀此色。一切無常。如癩病人。良醫治差。我今觀苦空無常。見此色相。皆無堅實。念諸凡夫。甚可愍傷。愛著此色。敬重無厭。耽愚惑著。甘樂無窮。為諸恩愛。而作奴僕。欲稍刺已。痛徹心髓。恩愛枷鎖。檢繫其身。

如是念已。復觀一切都皆空寂。此諸婬欲。諸色情態。皆從五陰四大而生。五陰無主。四大無我。性相俱空。何由而有。作是觀時。智慧明顯。見身大明。如摩尼珠。無有妨礙。似金剛精。青白明顯。如鹿突圍。得免獵師危害之苦。觀於五陰。性相皆淨。觀六大如鳥高翔。身無所寄。以吞色鉤。俛仰得度。離諸女色。更不起情。自然超出諸婬欲海。一切結使。猶如眾魚競走隨逐。墮黑闇院。無明老死為智慧火之所焚燒。觀色雜穢陋惡不淨。猶如幻惑。無有暫停。永離色染。不為色縛。

佛告阿難。若有比丘。比丘尼。優婆塞。優婆夷。貪婬多者。先教觀佛。令離諸罪。然後方當更教繫念。令心不散。心不散者。所謂數息。此數息法。是貪婬藥。無上法王之所行處。汝好受持。慎勿忘失。

此想成者。名第二十數息觀竟。爾時。尊者阿難。及禪難提。并諸比丘。聞佛所說。歡喜奉行。

第二十一觀

如是我聞。一時佛在舍衛國。遊行教化。至多羅聚落。至聚落已。與千二百五十比丘。入村乞食。乞食還已。止於樹下。洗足訖。收衣鉢。敷尼師壇結跏趺坐。爾時。衆中有一比丘。名迦旃延。有一弟子。名槃直迦。出家多時。經八百日。讀誦一偈。不能通利。晝夜六時。恆誦此言。止惡行善。修不放逸。但誦此語。終不能得。爾時。尊者迦旃延。盡其道力。教授弟子。不能令得。即至佛所。為佛作禮。繞佛三帀。而白佛言。如來出世。多所利益。利安天人。普度一切。唯我弟子。獨未蒙潤。唯願世尊。為我開悟。令得解脫。

佛告迦旃延。諦聽諦聽。善思念之。如來今者。當為汝說往昔因緣。迦旃延白言。世尊願樂欲聞。佛告迦旃延。乃往過去九十一劫。有佛世尊。名毗婆尸。如來。應供。正偏知。明行足。善逝。世間解。無上士。調御丈夫。天人師。佛。世尊。彼佛出世。教化眾生。度人周訖。於般涅槃。而取滅度。佛滅度後。有一比丘。聰明多智。讀誦三藏。自恃憍慢。散亂放逸。有從學者。不肯教授。專愚貢高。不修正念。命終之後。墮黑闇地獄。經九十劫。恆在闇處。愚蒙無智。由前出家功德力故。從地獄出。得生天上。雖生天上。天宮光明。及諸供具。一切黑闇。卑於諸天。誦三藏故。天上命終。生閻浮提。得值佛世。因前貢高。雖遇於佛。不解法相。我今當為說諸方便。教繫念法。爾時。迦旃延白佛言。世尊。唯願如來。為此愚癡槃直迦比丘。及未來世一切愚癡亂想眾生。說正觀法。

佛告槃直迦。汝從今日。常止靜處。一心端坐。叉手閉目。攝身口意。慎勿放逸。汝因放逸。多劫之中。久受勤苦。汝隨我語。諦觀諸法。時槃直迦。隨順佛語。端坐繫心。佛告槃直迦。汝今應當諦觀腳大指節。令心不移。使指節上。漸漸疱起。復令膖脹。復當以意。令此膖脹漸大如豆。復當以意。使膖脹爛壞。皮肉兩披。黃膿流出。於黃膿間。血流滂滂。一節之上。肌膚爛盡。唯見右腳指節。白如珂雪。見一節已。從右腳漸漸廣大。乃至半身。膖脹爛壞。黃膿流血。令半身肌皮。皆兩向披。唯半身骨。皎然大白。見半身已。復見全身。一切膖脹。都已爛壞。膿血可惡。見諸雜蟲。遊戲其中。如是種種。亦如上者。觀見一已。復見二。見二已。復見三。見三已。復見四。見四已。復見五。見五已。乃至見十。見十已。心漸廣大。見一房中。見一房中已。乃至見一天下。見一天下已。若廣者。復攝令還如前觀一。觀已。

復當移想。繫念諦觀鼻頭。觀鼻頭已。心不分散。若不分散。如前觀骨。復當自想。身肉肌皮。皆父母和合。不淨精氣所共合成。如此身者。種子不淨。復當次教繫念觀齒。人身中唯此齒白。我此身骨。白如此齒。心想利故。見齒長大。猶如身體。爾時復當移想。更觀額上。使額上白骨。白如珂雪。若不白者。復當易觀。教作九想。廣說如九想觀法。作此觀時。若鈍根者。過一月已。至九十日。諦觀此事。然後方見。若利根者。一念即見。見此事已。復更教觀腰中大節白骨。見已。即如前。應觀種種色骨人。

此法不成。復當教慈心觀。慈心觀者。廣說如慈三昧。教慈心已。復教更觀白骨。若見餘事。慎勿隨逐。但令此心。了了分明。見白骨人。如白雪山。若見餘物。起心滅除。當作是念。如來世尊。教我觀骨。云何乃有餘想境界。我今應當。一心觀骨。見白骨已。令心澄靜。無諸外想。普見三千大千世界。滿中骨人。見此骨人已。一一皆滅。如前觀苦。爾時槃直迦比丘。聞佛說此語。一一諦觀。心不分散。了了分明。應時即得阿羅漢道。三明六通。具八解脫。自念宿命。所習三藏。了了分明。亦無錯謬。爾時世尊。因此愚癡貢高槃直迦比丘。制此清淨觀白骨法。佛告迦旃延。此槃直迦愚癡比丘。尚以繫念。成阿羅漢。何況智者。而不修禪。爾時世尊。見此事已。為說偈言。

禪為甘露法　定心滅諸惡

慧殺諸愚癡　永不受後有
愚癡槃直迦　尚以定心得
何況諸智者　不勤修繫念

爾時。世尊告迦旃延。及敕阿難。汝今應當。受持佛語。以此玅法。普濟群生。若有後世愚癡眾生。憍慢貢高。邪惡眾生。欲坐禪者。從初迦絺羅難陀觀法。及禪難提觀像之法。復當學此槃直迦比丘。所觀之法。然後自觀己身。見諸白骨。白如珂雪。時諸骨人。還來入身。悉見白骨流光散滅。見此事已。行者自然心意和悅。恬靜無為。出定之時。頂上溫暖。身毛孔中。恆出諸香。出定入定。恆聞玅法。續復自見。身體溫暖。悅豫快樂。顏貌熙怡。恆少睡眠。身無苦患。得此暖法。恆自覺知。心下溫暖。心常安樂。若後世人。欲學禪者。從初不淨。乃至此法。得此觀者。名和暖法。

佛告阿難。佛滅度後。若有比丘。比丘尼。優婆塞。優婆夷。於濁世中。欲學正受思惟者。從初繫念。觀於不淨。乃至此法。是名暖法。

若得此法。名第二十一暖法觀竟。佛告阿難。汝今持此迦旃延子所問暖法。慎勿忘失。爾時阿難白佛言。世尊。後世眾生。若有能受持是三昧者。一心安隱。得於暖法。此人云何當自覺知。佛告阿難。若有諦觀諸結使相。從初不淨。乃至此法。自覺身心皆悉溫暖。心心相續。無諸惱恚。顏色和悅。此名暖法。

第二十二觀

復次阿難。若有行者。得暖法已。次當更教繫念。在諸白骨間。皆有白光。見白光時。白骨散滅。若餘境界現在前者。復當攝心。還觀白光。見諸白光。炎炎相次。徧滿世界。自觀己身。復更明淨頗梨。雪山不得為比。自見骨人。各各離散。作此觀時。定心令久。心既久已。當自見頂上。有大光明。猶如火光。從腦處出。佛告阿難。若見此事。便當更教從頭至足。反覆往復。凡十四徧。作此觀已。出定入定。恆見頂上火出。如真金光。身毛孔中。亦出金光。如散粟金。身心安樂。如紫金光明還從頂入。此名頂法。若有行者。得此觀時。能得頂觀。佛告阿難。汝好受持。是頂觀法。廣為未來一切眾生說。爾時阿難。聞佛所說。歡喜奉行。得此觀者。名第二十二觀頂法竟。

第二十三觀

佛告阿難。此想成已。復當更教繫念。觀諸白骨。令諸散骨。如風吹雪。聚在一處。自然成積。白如雪山。若見此事。得道不難。若有先身犯戒者。今身犯戒者。見散骨積。猶如灰土。或於其上。見諸黑物。復當懺悔。向於智者。自說己過。既懺悔已。見骨積上。有大白光。乃至無色界。出定入定。恆得安樂。本所愛樂。漸漸微薄。復當更觀。如前覆尋九孔膿流不淨之物。皆令了了。心無疑悔。復當如上。骨間生火。燒諸不淨。不淨已盡。金光流出。還入於頂。此光入頂時。身體快樂。無以為譬。得此觀者。名第二十三觀助頂法方便竟。

第二十四觀

復當更教繫念住意。自觀己身。猶如草束。出定之時。亦見己身。猶如芭蕉。皮皮相裹。復當自觀。眾芭蕉葉。猶如皮囊。身內如氣。亦不見骨。出定入定。恆見此事。身體羸劣。復當更教。令自觀身。還聚成一。如乾草束。見身堅強。

既見堅強。復當服酥。飲食調適。然後觀身。還似空囊。有火從內。燒此身盡。燒身盡已。入定之時。恆見火光。觀見火已。見於四方。一切火起。出定入定。身熱如火。見此火大。從支節起。一切毛孔。火從中出。出定之時。亦自見身。如大火聚。身體蒸熱。不能自持。

爾時。四方有大火山。皆來合集。在行者前。自見己身。與眾火合。此名火想。復當令火燒身都盡。火既燒已。入定之時。觀身無身。見身悉為火所燒盡。火燒盡已。自然得知身中無我。一切結使。皆悉同然。不可具說。此名火想真實火大第二十四火大觀竟。佛告阿難。汝好受持。是火大無我觀。此火大觀。名智慧火。燒諸煩惱。汝好受持。為未來世一切眾生。當廣敷演。爾時阿難。聞佛所說。歡喜奉行。

第二十五觀

佛告阿難。若有行者。得火大觀已。復當更教繫念思惟。令繫念鼻端。更觀此火。從何處起。觀此火時。自觀己身。悉無有我。既無有我。火自然滅。復當作念。我身無我。四大無主。此諸結使。及使根本。從顛倒起。顛倒亦空。云何於此空法之中。橫見身火。作是觀時。火及與我。求覓無所。此名火大無我觀。佛告阿難。汝好受持此火大觀。為未來世一切眾生。當廣分別敷演解說。阿難聞佛所說。歡喜奉行。是名第二十五觀竟。

滅無我觀

佛告阿難。我見火滅時。先從鼻滅。然後身體。一時俱滅。身內心火。八十八結。亦俱得滅。身中清涼。調和得所。深自覺悟。了了分明。決定無我。出定入定。恆知身中無有吾我。此名滅無我觀竟。

佛告阿難。復當更教觀灌頂法。觀灌頂者。自見己身如琉璃光。超出三界。見有真佛。以澡瓶水從頂而灌。彌滿身中。身彌滿已。支節亦滿。從臍中流出。在於前地。佛常灌水。爾時世尊灌頂已。即滅不現。臍中水出。猶如琉璃。其色如紺琉璃光。光氣徧滿三千大千世界。水出盡已。復當更教繫念。願佛世尊。更為我灌頂。爾時自然見身如氣。麤大甚廣。超出三界。見水從頂入。見身麤大與水正等。滿於水中。復自見臍。猶如蓮華。涌泉流出。彌滿其身。繞身如池。有諸蓮華。一一蓮華。七色光明。其光演說。苦空無常無我等法。聲如梵音。悅可耳根。

此相現時。復當更教。叉手閉目。一心端坐。從於頂上。自觀身內。不見骨想。出定入定。自見己身。如琉璃甖。復當起念。使自己心。四大毒龍想。見己心內如毛孔開。有六種龍。一一龍有六頭。其頭吐毒。猶如風火。彌漫池中。在蓮華上。一一華光。流入龍頂。光入頂時。龍毒自歇。唯有大水。滿其身內。

此想成時。名觀七覺華。雖見此想。於深禪定。猶未通達。復當更教。如上數息。使心安隱。恬然無念。此想成時。名四大相應觀。佛告阿難。汝好受持。是七覺意四大相應觀。慎莫忘失。普為未來一切眾生。當廣分別。為諸四眾敷演解說。爾時阿難。聞佛所說。歡喜奉行。

第二十六觀　正觀

復當更教繫念。住意諦觀。水大從毛孔出。彌漫其身。出定入定。

見身如池。其水綠色。如此綠水。似山頂泉。從頂而出。從頂而入。見有七華。純金剛色。放金色光。其金色光中。有金剛人。手執利劍。斬前六龍。復見眾火。從龍口出。偏身火然。眾水枯竭。火即滅盡。水火滅盡已。自見己身。漸漸大白。猶如金剛。出定入定。心意快樂。猶如酥灌。如服醍醐。身心安樂。

復當更教繫念。觀他觀外境界。以外想故。自然見有一樹。生奇甘果。其果四色。四光具足。如此果樹。如琉璃樹。彌漫一切。見此樹已。普見一切四生眾生。飢火所逼。一切來乞。見已歡喜。生憐愍心。即起慈心。見此乞者。如己父母。受大苦惱。我今云何當救拔之。作是念已。即自觀身。如前還為膿血。復為肉段。持施飢者。是諸餓鬼。爭取食之。食之既飽。四散馳走。

爾時復當自觀己身。及以他身。我身他身。從顛倒起。實無我所。若有我者。云何忽然見此餓鬼。來在我邊。爾時復見無量餓鬼。其身長大。無量無邊。頭如太山。咽如絲髮。飢火所逼。叫喚求食。見此事已。當起慈心。以身施鬼。餓鬼得已。嚼食其體。即便飽滿。見是事已。復當更教。觀眾多餓鬼。見諸餓鬼。繞身四帀。如前以身食諸餓鬼。見此事已。復教攝身。使心不散。自觀己身。是不淨聚。作是觀時。尋自見身膿血。諸肉皆段段壞。聚在前地。見諸眾生。爭取食之。既見此事。復當自觀其身。從諸苦生。從諸苦有。是敗壞法。不久磨滅。餓鬼所食。作是相時。忽見身內心處。有猛火燒前池上一切蓮華。及諸餓鬼眾惡醜形。及與池水。泓然都盡。

見此事已。復當更教諦觀己身。如前完具。身體平復。復當更觀己身一切毛孔。以慈心故。血變成乳。從毛孔出。在地如池。眾乳盈滿。復見眾多餓鬼。至此池上。以宿罪故。不得乳飲。爾時慈心視鬼如子。欲令飲乳。以鬼罪故。乳變成膿。斯須之間。復更慈心。以慈心故。身毛孔中。一切乳出。勝前數倍。念諸餓鬼。飢苦所逼。何不來飲。爾時餓鬼。其形長大數十由旬。舉足下足。如五百乘車聲。來至行者前。唱言飢飢。爾時行者。即以慈心。施乳令飲。餓鬼飲時。至口變化為膿。

雖復為膿。以行者慈心故。即得飽滿。

見鬼飽已。復自觀身。即自見身足下火出。燒前眾生。及以諸樹。泓然都盡。爾時若見眾多異類。復還繫念諦觀己身。使心不動。寂寞無念。既無念想當發誓願。願後世生。不受後有。不樂世間。作此誓已。尋見前地。猶如琉璃。見琉璃下。有金色水。自見己身。與地正等。與水色同。其水溫暖。水中生樹。如七寶樹。枝葉蓊鬱。上有四果。果聲如鈴。演說苦空無常無我。聞此聲已。自見己身。沒於水中。往趣樹所。諦自觀身。頂上水出。彌漫琉璃池中。

忽然之頃。復有火起。火中生風。猶如琉璃。復見頂上。從頂堅強。至乎腳足。猶如金剛。復有火起。燒金剛盡。溫水枯涸。尋更觀身。我前見身內池中。忽然有樹。枝葉具足。樹端有果。其聲如鈴。演說苦空無常無我。清淨之法。如此玅果。有好音聲。香味具足。我今宜食。作此想已。即仰攀樹。取果食之。纔得一果。其味甘美。無物可譬。既食果已。見樹乾枯。其餘三果。尚有光明。食果之後。身心恬澹。無憂喜想。自觀心識。是敗壞法。從諸苦有。諸苦根本。識為因緣。今觀此識。如水上泡。無有暫停。四大無主。身無有我。識無依止。如是諸法。復七七四十九徧。諦觀心識是敗壞法。

爾時自見己身。白如珂雪。節節相拄。復當更教。自以右手摩觸此身。見身如塵。骨末如粉。如粉塵地。尋復更教觀身如氣。從數息有。身如氣囊。無有暫停。

復當更教。尋自觀身如前。還為一白骨人。見骨人已。自觀己身。如前還散。猶如微塵。如人以粉。用塗於地。尋見地上。有青色骨人。復如前觀末此青色骨人。以用塗地。復更觀身如青微塵。塵變成骨人。其骨盡黑。復當如前。以末塗地。復自觀身。猶如黑地。見黑地中。有四黑蛇。眼赤如火。蛇來逼身。吐毒欲害。不能為害。即變為火。自燒己身。爾時空中有自然聲。恆說苦空無常無我等法。見此事時。一一毒蛇。八十八頭。為火所焚。見此事時。空中自然有水。灑毒蛇身。眾火盡滅。八十八頭。一切都消。出定之時。覺身安樂。恬怕無為。

復當更教。自觀己身。無高大想。尋復見身。自然高大。明顯可觀。如七寶山。自見己心。如摩尼珠。爾時復當如上觀空。作觀空時。自覺己身。和悅柔輭。快樂無比。前蓮華上。七寶色光。流入己心。在摩尼珠中。滿足十過。七支七色。皆悉具足。自觀身空。亦無眾想。爾時頂上。有自然光。似金色雲。亦如寶蓋。色復似銀。從頂上入。覆摩尼珠光上。出定入定。恆見此事。

見此事者。自然不殺。不盜。不邪婬。不妄語。不飲酒。佛告阿難。佛滅度後。四部弟子。比丘。比丘尼。優婆塞。優婆夷。作此觀者。名第二十六正觀。亦名得須陀洹道。若得此觀。要當審實。使身自然離五種惡。合脩多羅不違毗尼。隨順阿毗曇。此名須陀洹果相。爾時阿難。聞佛所說。歡喜奉行。

第二十七觀

佛告阿難。若有行者。得此觀者。宜當密藏。勿妄宣傳。但當一心勤行精進。勤行精進已。復當更教諦觀地大。地大觀法。亦如上說。觀地大已。次教觀水大。觀水大者。自觀己身。身中諸水。身如琉璃。剛強難壞。若見自身悉皆是水。當教易觀。若復見身盡成琉璃。亦教易觀。觀於地大。使琉璃身。猶如微氣。見水從眼中現。若見此事。名細微四大觀。復當更教。從頭已上。使水滿中。見水從眼中出。亦不墮地。自見己眼。如水上沫。亦滿水中。若見此事。頭水不溫不冷。調和得所。水若溫者。是假偽觀。水色澄清。不溫不涼。次當更教。觀腰已上水。不溫不冷。復觀咽喉。如琉璃筒。水入胸中。次下至腹。乃至膍膝。莫令入臂。使水澄清。如頗梨精色。若覺水溫。乃是真觀。

此想成已。復教通徹四支諸節。水皆滿中。如琉璃器。持用盛水。漸漸廣大。見滿一牀。外人亦見。若見此水清冷。乃是真水。若見餘相。不名真實。入水光三昧。漸漸廣大滿一室內。水皆澄清如琉璃氣。漸漸廣大。偏滿三千大千世界。見此事時。當於靜處。一心安坐。敕諸同學。皆使清淨。不令憒鬧。爾時。復當見水上紫燄起。當自憶想。此水從何處起。云何當盡。若言我是水者。我身無我。前已觀無我。今從無法中。水從何起。作是念時。水性如氣。漸漸從頂上沒。水稍稍盡。唯身皮在。自見己身。極為微薄。無物可譬。如微塵草束。復見身內。忽然有火。燒身都盡。觀身無所。永無有我。我及眾生。一切都無。爾時行者。心意恬怕。極為微細。無物可譬。

此想成時。名第二十七真無我觀。亦名滅水大想。亦名向斯陀含。其餘微細賢聖法界。微玅難勝。不可具說。行者坐時。修諸三昧。得無我三昧時。當自然見佛。佛告阿難。汝今好受持。是真實水大微玅境界。廣為未來一切眾生。敷演廣說。爾時阿難。聞佛所說。歡喜奉行。

第二十九觀

佛告阿難。得此觀已。復當更教水大觀法。此水大觀。極為微細。使此水大。與火大合。見身如氣。如琉璃影。觀臍四邊。火燄俱起。見與火燄。猶如日映。若見臍上有火光起。或有從鼻中出。或有從口中出。耳眼隨意出入。若見此事。見一切火。從毛孔出。火出之後。有綠色水。尋從火後。自見身中。水上火下。火上水下。觀身無身。此想成時。見身水火。不溫不冷。身心寂爾。安住無礙。此名斯陀含果。亦名境界實相。見此事時。出定入定。恆不見身。入定之時。外人亦見水火從毛孔出。從毛孔入。貪婬多者。見火從頂上入。從身根出。然後徧滿身體。水亦復然。

復當自觀頭上。火如閻浮檀那。金光雲蓋。或見身下如七寶華。心中恬靜。安隱快樂。世間樂事。無以為譬。出定之時。身亦安樂。令外眾生見己禪定三昧。安隱金光金色。帝釋諸天。恭敬禮拜竝言。大德汝今苦盡。必定當成斯陀含果。聞已歡喜。修身禪定。心無繫礙。安隱快樂。遊戲無我三昧中。亦漸入空三昧門。無願無作諸三昧等。悉現在前。如此微紗善勝境界。行者坐時。於禪定中。自然分別。

若鈍根者。大師世尊。現前為說。以見佛故。聞法歡喜。應時即得斯陀含道。復當至心。覆尋前觀。經二十五反。極令明利。佛告阿難。汝好持此第二十九水大觀。慎勿忘失。得此觀者。亦名斯陀含。亦名善往來。往宿世善根業因緣故。遇善知識。清淨法行。汝乃當得此斯陀含道。爾時阿難。聞佛所說。歡喜奉行。

第三十觀

佛告阿難。若有比丘。比丘尼。優婆塞。優婆夷。若得此微紗水大觀已。復當更教。安隱微紗。最勝奇特。火大觀法。作此觀時。自見臍中。微紗火光狀如蓮華。其色光明。如和合百千萬億閻浮檀那金。見此事已。復當更教。觀身內火。觀內火時。自見心火常有光明。過於百千萬億明月神珠。心光清淨。亦復如是。出定入定。如人持明火珠行。慮恐他見。唯自心中明了。如是他人不見。漸漸大明。見身猶如頗梨明鏡。見心亦如明月神珠。慮他人見。他人其實不見此事。入定之時。以心明故。見三千大千世界麤相。見閻浮提。須彌山及大海水。悉皆了了。復見大海水中摩尼珠王。其摩尼珠王。焱出諸火。

見此事已。爾時見佛。為其廣說九次第定。九次第定者。九無閡。八解脫。如此等觀。不須預受。佛現前故。佛自為說。其利根者。聞佛說法。九無礙道中。應時即得阿羅漢道。超越阿那含地。如好白氎。易染為色。

若鈍根者。復當更教風大觀法。風大觀法者。見一切風。極為微細。細中細者。可以心眼見。而不可具說。風復雜火。火復雜風。水入火中。風入水中。火入風中。風火水等。各隨毛孔。如意自在。或復有風。十色具足。如十寶光。從身毛孔出。從頂上入。從臍中出。從足下入。一切身分中出。從眉間入。從眉間出。從一切身分入。如此種種無量境界。賢聖光明。賢聖種子。諸賢聖法。皆從此風大中起。從此風大中入。

此風大觀。具足相貌。微玅境界。唯阿羅漢。能廣分別。不可具說。行者坐時。當自然見。若見此事。練諸煩惱。成阿那含。此風大觀。名第三十阿那含相應境界相。佛告阿難。汝好受持。是阿那含相應最勝境界風大觀法。愼勿忘失。爾時阿難。聞佛所說。歡喜奉行。

（原經文中，無第廿八觀之字句，或含於第廿九觀前文中，謹註）

如是我聞。一時佛在舍衛國。祇樹給孤獨園。與千二百五十比丘俱。爾時。尊者摩訶迦葉。有一弟子。是王舍大城苦行尼揵子皃。名阿祇達多。求尊者摩訶迦葉。出家學道。修行苦行。具十二頭陀。經歷五年。得阿那含果。不能增進。成阿羅漢。即從坐起。至迦葉所。整衣服叉手。合掌頂禮摩訶迦葉白言。和上。我隨和上勤修精進。如救頭然。已經五年。今得住於阿那含果。身心疲懈。不能增進無上解脫。唯願和上。為我速說。

爾時摩訶迦葉。即入三昧。觀比丘心。知此比丘。不盡諸漏。從此命終。生阿那含天。從三昧起。告言。法子。我今身心一切自在。入自在三昧。觀汝宿世所有業報。於此身上。無緣得成羅漢道。阿祇達多聞此語已。悲泣雨淚白言。和上。如我今者。不樂生天。如困病人求無常力。我畏生死。亦復如是。

爾時迦葉告言。法子。善哉善哉。善男子。夫生死惡。猶如猛火。燒滅一切。甚可厭患。我觀汝根。不得明審。又復世尊。與諸比丘。在祇陀林。我今與汝。俱往佛所。時彼比丘著衣持鉢。隨迦葉後。詣祇陀林。到於佛所。見佛世尊。身如金山。處大眾中。威德自在。三十二相。八十種好。皆悉備足。為佛作禮。繞佛七帀。卻住一面。胡跪合掌白言。世尊。我此弟子。阿祇達多。隨從我後。十二頭陀。住深禪定。至阿那含。不能增進。竭煩惱海。唯願世尊。為說甚深灌頂甘露淨解脫行。

爾時世尊。告阿祇達言。善哉善哉。阿祇達快問是事。吾當為汝。分別解說。諦聽善思。乃往過去。無央數世。彼世有佛。名大光明如來。應供。正徧知。明行足。善逝。世間解。無上士。調御丈夫。天人師。佛。世尊。彼佛出世。三種示現。教化眾生。度人周訖。於像法中。有一大國。名波羅奈。王名梵摩達多。王有太子。名忍辱鎧。堅發甚深阿耨多羅三藐三菩提心。求一切種智。自誓不殺。修十善業於六波羅蜜無疲厭心。

時彼國中有一長者。名日月音。自在無量。唯有一子。忽遇熱病。風大入心。狂亂無智。手執利劍。走入巷陌。殺害眾生。時彼長者。愛念子故。手擎香爐。至四城門外。燒香散華。發大誓願。而作是言。世間若有神仙。聖人。醫師。咒師。能救我子狂亂病者。一切所有。悉用奉施。

爾時太子出城遊戲。見大長者。修於慈心。為子求願。心生歡喜。而作是言。此大長者。勤修慈心。普為一切。而長者子。遇大重病。願諸神仙。必與慈悲。來至此處。救長者子。

語頃即有一大仙人。從於雪山。騰虛而至。名曰光味。至長者所。告長者言。汝子所患。從熱病起。因熱病故。生大瞋恚。心脈悉開。風大入心。是故發狂。如此病者。如仙經說。風大動者。當須無瞋。善男子。心血以用塗身。須善人髓。服如大豆。可得除愈。

爾時長者。聞仙人說。即於路中。頂禮太子白言。地天大仙人說。我子所患。當用慈心無瞋人血。及以骨髓。乃可得差。我今正欲。自刺我身。出血食子。破骨出髓。持與令服。唯願太子聽許此事。爾時太子告言。長者。我聞佛說。若有眾生。苦惱父母。墮大地獄。無有出期。云何長者。自破身體。欲令子差。且忍須臾。當為長者。作大方便。

爾時長者。聞太子敕。心大歡喜。禮太子足。還至家中。象負其子。送與太子。太子見已。醍醐灌之。爾時仙人。告太子言。設以此藥。灌此男子。經九十日。終不可差。要得慈心無瞋人血。爾時太子。內自思惟。除我身外。其餘眾生。皆當起瞋。我今為此救諸病苦。濟生死命。誓求佛道。於未來世。若得成佛。亦當施此法身常命。作此誓已。即刺身以血塗彼大長者子。破骨出髓。與之令服。長者子服已。病得除愈。是時太子。以破骨故。迷悶躃地。爾時。天地六種震動。釋梵護世。無數天子。僉然俱下。到太子所。告太子言。汝今以身濟病眾生。欲求何等。為求帝釋。魔王。梵天。轉輪聖王。三界之中。欲求何等。

爾時太子。白帝釋言。我今所求。亦不欲三界之中尊榮豪貴。我所求者。乃願欲成阿耨多羅三藐三菩提。爾時。帝釋聞此語已。告太子言。汝今刺身。破骨出髓。身體戰掉。有慨恨不。爾時太子。即立誓願。我從始刺身體。乃至於今。若無慨恨。大如毛髮。令我身體。平復如故。作此誓已。身體平復。如前無異。爾時帝釋見此事已。白太子言。太子威德。奇特無比。有強大志。必得成佛。太子成佛時。願先度我。作此誓時。太子默然而說偈言。

願我成佛時　普度諸天人

身心無罣礙　普慈愛一切
亦度於汝等　令諸眾生類
皆住大涅槃　永受於快樂

爾時太子說此偈已。諸天雨華。持以供養。復雨無量百千珍寶。積滿宮牆。太子得已。持用布施。布施不止。修諸波羅蜜。皆悉滿足。得成為佛。佛告迦葉。爾時波羅奈國王者。今我父王閱頭檀是。爾時月音長者。今汝摩訶迦葉是。爾時長者子。今阿祇達比丘是。爾時忍辱鎧太子者。今我釋迦牟尼佛是。爾時帝釋者。今舍利弗是。

佛告迦葉。此阿祇達比丘。乃往過去風大動故。發狂無知。是故今者。入四大定於風定中。心疑不行。設使此人。入風大定觀四大者。頭破七分。心裂而死。當教此人。修於慈心。

爾時世尊告阿祇達。汝今當觀一切眾生。悉為五苦之所逼切。汝今應當。生大慈心。欲免眾苦。觀色受想行識。悉皆無常。苦空無我。阿祇達聞佛說此。豁然意解。應時即得阿羅漢道。三明六通。具八解脫。

即於佛前。踊身空中。作十八變。作十八變已。從空中下。頂禮佛足。白言世尊。如來今者。為我宣說往昔因緣。及說慈心。廣演四諦。我因佛力。尋時即破三界結業成阿羅漢。唯願世尊。為未來世濁惡眾生。惡業罪故。生五濁世。如此眾生。若修頭陀行。諸禪定。得阿那含。如我心疑。停住不行。當修何法。得離苦際。

佛告阿祇達。諦聽諦聽。當善思之。如來今者。因汝阿祇達。普為未來世一切眾生。廣說從阿那含至阿羅漢。於其中間。所有微細一切境界。當自分別。若風病多者。入風大定時。因風大故。喜發狂病。當教觀佛。教觀佛者。教觀如來十力。四無所畏。十八不共法。大慈大悲三念處法。觀此法時。自然得見。無量色身。微細玅相好。或有諸佛。飛騰空中。作十八變。或有諸佛。一一相好。普現無量百千變化。見此事時。當起恭敬。供養之心。作香華想。普散諸佛。

然後復當。自思惟言。我今身中五陰四大。皆悉無常。生滅不住。結使枝條。及使根本。皆悉無常。我所念者。念佛十力。四無所畏。

十八不共。大慈大悲。如是功德。莊嚴色身。猶如寶瓶。盛如意寶珠。寶珠力故。映飾此瓶。珠無我所。瓶亦無住。但為眾生。佛亦如是。無有色性。及與色像。解脫清淨。云何我今諦觀如來十力。是處非處力。乃至漏盡力。十八不共法。大慈大悲。云何更見無量色像。

作此想已。見真金像滿娑婆世界。行住坐臥。四威儀中。皆說苦空無常無我。雖見此事。復當起意。想是諸佛。皆是戒定慧解脫。解脫知見。十力。四無所畏。十八不共法。大慈大悲。三念處。如此功德。所共合成。云何有色。作此想時。一一諦觀。令一切佛。身心無礙。亦無色想。自見己身。如空中雲。觀五受陰。無諸性相。豁然歡喜。復還見身。如蓮華聚。周帀徧滿。三千大千世界。見諸坐佛。坐己華上。為說甚深空。無我。無願。無作。聖賢十四境界門。

佛告阿祇達。若有行者。見此事已。當教慈心。教慈心者。教觀地獄。爾時行者。即見十八地獄。火車鑪炭。刀山劍樹。受苦眾生。皆是己前身父母。宗親眷屬。或是師徒。諸善知識。見一一人。阿鼻地獄。

猛火燒身。或復有人。節節火然。或上劍樹。或蹋刀山。或投鑊湯。或入灰河。或飲沸屎。或噉熱鐵丸。或飲融銅。或臥鐵牀。或抱銅柱。或入劍林。碎身無數。或挑眼無數。持熱銅丸。安眼眶中。或見餓鬼。身形長大。數十由旬。噉火噉炭。或飲膿血。變成融銅。舉體火起。足跟銅流。或見闇冥。鐵圍山間。滿中眾生。狀如羅剎。更相食噉。見諸夜叉。裸形黑瘦。雙牙上出。頭上火然。首如牛頭。角端雨血。復見世間。虎狼師子。諸惡禽獸。更相噉食。復見一切。諸畜生苦。或見阿脩羅。割截耳鼻。受諸苦事。

復見三界一切眾生。為欲所使。悉受苦惱。觀無想天。猶如電幻。不久當墮大地獄中。舉要言之。三界二十五有。一切眾生。皆有三塗苦惱之業。爾時行者。觀見三界受苦眾生。其心明了。如觀掌中。深起慈悲。生憐愍心。見諸眾生。宿行惡業。故受惡報。見此事已。悲泣雨淚。欲生救護。盡其心力。不能救濟。爾時心中。極生憐愍。厭患生死。不願久處。心生驚怖。如人捉刀。欲來害己。

見此事已。更起慈悲。欲拔苦者。無奈之何。爾時行者。內自思惟。是諸眾生。因於無明。無明緣行。行緣識。識緣名色。名色緣六入。六入緣觸。觸緣受。受緣愛。愛緣取。取緣有。有緣生。生緣老死。憂悲苦惱。

爾時行者。內自思惟。此無明者。從何處來。孚乳產生。偏滿三界。觀此無明。假於地大。而得成長。依於風大。而得動搖。因於地大。體堅不壞。火大照育。水成眾性。如是動作。風性不住。水性隨流。火性炎盛。地性堅鞕。

此四大性。二上二下。諸方亦二。東方者成色陰性。南方者成受陰性。西方者成想陰性。北方者成行陰性。上方者成識陰性。

此五受陰。依無明有。從觸受生。樂觸因緣。生於諸受。受因緣生愛取有。有因緣故。生於三界。九十八使。及諸結業。纏縛眾生。無有出期。

如是諸業。從無明有。依癡愛生。此無明者。本相所出。從何而生。徧布三界。於諸眾生。為大纏縛。

我今應觀。無明識相。從何處起。此無明者。為是地大。為離地大。為與地合。為從地生。為從地滅。地性本空。推地無主。云何無明起癡愛想。緣行而有。而此諸行。及愛取有。為從風起。為從水生。為火所照。如此四大。一一諦觀。此諸大者。實無性相。同如實際。云何牽諸眾生。纏在三界。為大煩惱之所燒然。

作此思惟已。怖畏生死。患生天樂。觀諸天宮。如夢如幻。如露如電。如呼聲響。普見一切三界眾生。猶如環旋。受苦無窮。

見此事已。愁憂不樂。世間如駛水流。求涅槃道剎那剎那頃。欲求解脫。爾時復當更教數息。一數二隨。二數三隨。三數四隨。四數五隨。五數六隨。六數七隨。七數八隨。八數九隨。九數十隨。十數百隨。百數千隨。隨息多少。攝氣令住。

爾時自見己身。如百千萬億蓮華。一切萎脃。四面風來。吹去萎華。變成琉璃。如琉璃器。自見其心。如大華樹。從下方金剛際。乃至三界。頂上有四果。其果微妙。如如意珠。有六種光。徧照三千大千世界。

行者見此事時。見金剛地際。乃至上方三界之頂。滿中諸佛。與大弟子眷屬圍繞。或有諸佛。飛騰虛空。身上出水。身下出火。身下出水。身上出火。東踊西沒。西踊東沒。南踊北沒。北踊南沒。中踊邊沒。邊踊中沒。或現大身。滿虛空中。大復現小。如芥子許。變現自在。隨意無礙。

或見諸聲聞。入四大定。身如火聚。諸火燄端。猶如金筒。盛衆色水。復見己身。如彼入定。爾時當教行者。而作是言。汝所見者。雖是多佛。及諸聲聞。汝今應觀此諸世尊。是無相身。是大解脫。是無學果。應當善攝汝心。如前數息。此數息法。有十六科。不可具說。

爾時行者。既數息已。心意恬怕。寂然無見。復當更教。觀心蓮華。猶如華樹。樹上有果。如摩尼珠。現六種光。其光明顯。從三界頂。照於下方。金剛地際。見心華樹。荄垂欲絕。然深無量。

爾時當觀諸佛法身。諸佛法身者。因色身有。色身者。譬如金瓶。法身者。如摩尼珠。應當諦觀色身之內。十力。四無所畏。十八不共法。大慈大悲。無礙解脫神智無量絕玅境界。非眼所見。非心所念。一切諸法。無來無去。不住不壞。同如實際。凡夫愚癡。為老死大賊之所追逐。妄見顛倒。以顛倒故。墮落三塗。愛欲河中。為駛水所漂。沒溺三界。

我今云何。同凡夫行。妄想見佛。我大和上。釋迦牟尼佛往昔之時。頭目髓腦。國城妻子。持用布施。百千苦行。求解脫法。今者已得超越生死。住大涅槃。寂滅究竟。更不復生。如過去佛法。住常樂處。亦無去來。現在諸智。身心不動。恬怕無為。如此智慧。所成就身。當有何想。云何變動。我今見者。從妄想現。屬諸因緣。故是顛倒色相之法。

作是思惟時。一切諸佛。及諸賢聖。寂然隱身。更不復現。唯一佛在。有四大弟子。以為侍者。

爾時。釋迦牟尼世尊。為於行者。更說四大清淨觀法。告言法子。過去三世諸賢聖等。觀此行時。自然皆觀風大觀法。

觀風大

觀風大者。先觀身內。從心華樹。生一微風。如是微風。漸漸增長。徧滿身體。滿身體已。從毛孔出。滿一房內。滿一房已。見此微風。滿一庭內。滿一庭已。復見漸漸滿一頃地。滿一頃已。復更增廣。滿一由旬。滿一由旬已。滿二由旬。滿二由旬已。滿三由旬。滿三由旬已。滿四由旬。滿四由旬已。滿五由旬。滿五由旬已。如此漸漸廣大。滿十由旬。微風纔動。漸漸廣大。徧滿三千大千世界。上至於頂。下至金剛際。徧此諸處已。還從頂入。令其心樹一切華葉。漸漸萎落。自見己身。如頗梨鏡。表裏映徹。

觀水大

爾時復當教觀水大。觀水大者。先觀身內心華樹端。出一微水。如琉璃氣。漸漸增廣。似白色雲。偏滿身內。滿身內已。從六根出。頂上涌出。繞身七帀。如白雲行。滴滴雨水。其水柔軟。盈滿一牀。滿一牀已。漸漸廣大。滿一房內。滿一房已。滿一庭中。滿一庭已。滿一城中。滿一城已。滿十頃地。滿十頃已。滿百頃地。滿百頃已。滿一由旬。水色正白。如白琉璃光。其氣微細。過於凡夫眼相境界。漸漸廣大。滿二由旬。滿二由旬已。滿三由旬。滿三由旬已。滿四由旬。滿四由旬已。滿五由旬。滿五由旬已。漸漸廣大。滿十由旬。滿十由旬已。漸漸廣大。滿百由旬。滿百由旬已。漸漸廣大。滿一閻浮提。滿一閻浮提已。漸漸廣大。偏滿三千大千世界。上至三界頂。下至金剛際。如是水相。其氣如雲。還從頂入。

觀火大

見此事已。復更教觀火大。觀火大者。自觀身內心華樹端。諸華葉間。有微細火。猶如金光。從心端出。偏滿身內。從毛孔出。漸漸廣大。偏滿一牀。滿一牀已。滿一房內。滿一房已。漸漸廣大。滿一庭中。滿一庭已。滿一城中。滿一城已。滿十頃地。滿十頃地已。滿百頃地。滿百頃地已。滿一由旬。火色變白。如真珠光。更復鮮白。頗梨雪山不得為比。紅光照錯。以成文章。漸漸廣大。滿二由旬。滿二由旬已。滿三由旬。滿三由旬已。滿四由旬。滿四由旬已。滿五由旬。滿五由旬已。漸漸廣大。滿百由旬。滿百由旬已。漸漸廣大。滿閻浮提。滿閻浮提已。漸漸廣大。偏滿三千大千世界。上至三界頂。下至金剛際。還從頂入。

觀地大

見此事已。復當更教觀於地大。觀地大者。自見身內。心樹諸華。漸漸廣大。如金剛雲。徧滿身內。滿身內已。復滿一牀。滿一牀已。徧滿一房。滿一房已。徧滿一庭。滿一庭已。徧滿一城。滿一城已。漸漸廣大。徧滿十頃。滿十頃已。徧滿百頃。滿百頃已。滿一由旬。滿一由旬已。其色變青。漸漸廣大。徧滿二由旬。滿二由旬已。滿三由旬。滿三由旬已。滿四由旬。滿四由旬已。滿五由旬。滿五由旬已。漸漸廣大。滿百由旬。滿百由旬已。漸漸廣大。滿閻浮提。滿閻浮提已。漸漸廣大。徧滿三千大千世界。上至三界頂。下至金剛際。還從頂入。

見此事已。復當更教還觀地大。觀此地大。如金剛雲。難可摧碎。當云何滅。作此觀時。見佛世尊釋迦牟尼。坐金剛座。與尊弟子。眷屬五百。坐行者前。異口同音讚歎滅諦。聞此語已。當觀地大。從因緣起。無明所持。無明無性。癡愛無主。虛偽因緣。假名無明。愛取有等。皆屬此相。作此思惟時。見自心內。眾華樹端。漸漸火起。燒金剛雲。一一雲於諸葉間。與火合體。徧滿身內。

滿身內已。地火俱動。徧滿一牀。滿一牀已。徧滿一房。滿一房已。徧滿一庭。滿一庭已。徧滿一城。滿一城已。漸漸廣大。徧滿十頃。滿十頃已。徧滿百頃。滿百頃已。滿一由旬。滿一由旬已。滿二由旬。滿二由旬已。滿三由旬。滿三由旬已。滿四由旬。滿四由旬已。滿五由旬。滿五由旬已。漸漸廣大。滿百由旬。滿百由旬已。漸漸廣大。徧滿閻浮提。地火二大。其性各異。更相鼓動。徧滿三千大千世界。上至三界頂。下至金剛際。還從頂入。

觀風大

見此事已。復當更教觀於風大。觀風大者。自觀身內。心華樹間。出紫色風。水大隨入。滅此風色。同為水色。風動水涌。徧滿身內。漸漸廣大。偏滿一牀。滿一牀已。滿一房內。滿一房已。偏滿一庭。滿一庭已。偏滿一城。滿一城已。漸漸廣大。偏滿一由旬。滿一由旬已。風水二性。其性各異。風吹此水。如琉璃沫。其色燄熾。更相鼓動。偏滿二由旬。滿二由旬已。滿三由旬。滿三由旬已。滿四由旬。滿四由旬已。滿五由旬。滿五由旬已。漸漸廣大。滿百由旬。滿百由旬已。漸漸廣大。偏滿閻浮提。滿閻浮提已。漸漸廣大。偏滿三千大千世界。上至三界頂。下至金剛際。

見此事已。自見己身。身諸毛孔。一切火起。此火光炎。偏滿三界。出三界外。如真金華。華上有果。果葉相次。彼果光中。演說四諦。及十二因緣。度生死法。復見身內。一切水起。其水溫潤。從毛孔出。流布三界。無不偏滿。水色出光。照三界頂。入火光果中。復見身內。一切風起。偏滿身內。從毛孔出。漸漸廣大。駛速飄疾。偏滿三界。化為金雲。入火光果中。復有地氣。極為微薄。彌滿四大。

觀五陰

見此事已。復當更教諦觀五陰。觀於色陰。此色陰者。依地大有。地大不定。從無明生。無明因緣。妄見名色。觀此色相。虛偽不真。亦無生處。假因緣現。因緣性空。色陰亦然。受想行識。性相皆空。中無堅實。觀此五陰。實無因緣。亦無受有。如此四大。云何增長。徧滿三界。

作此思惟時。見一切火。從一切毛孔出。徧滿三界。還從一切毛孔入。復見一切地大。猶如金剛雲。從一切毛孔出。徧滿三界。還從一切毛孔入。復見水大。猶如微塵。從一切毛孔出。徧滿三界。還從一切毛孔入。復見風大。其勢羸劣。從一切毛孔出。徧滿三界。還從一切毛孔入。如是四大。從毛孔出。從毛孔入。往復反覆。經八百徧。

見此事已。如前數息已。閉氣而住。經一七日。爾時。自然見此大地漸漸空。見一牀下。漸漸空。見一房漸漸空。見一房已。見一庭地漸漸空。見一庭已。見一城地漸漸空。見一城已。見十頃已。見百頃地漸漸空。見百頃已。見一由旬地漸漸空。見一由旬已。見二由旬地漸漸空。見二由旬已。見三由旬地漸漸空。見三由旬已。見四由旬地漸漸空。見四由旬已。見五由旬地漸漸空。見五由旬已。乃至見十由旬地漸漸空。見十由旬已。乃至見百由旬地漸漸空。見百由旬已。乃至見閻浮提八千由旬地漸漸空。見閻浮提已。見弗婆提地十千由旬漸漸空。見弗婆提已。見瞿耶尼地三萬由旬漸漸空。見瞿耶尼已。見欝單越地四萬由旬漸漸空。見欝單越已。見須彌山。四大海水。山河石壁。四天下中。一切所有見堅鞕物。一切悉皆漸漸空。見四天下已。心遂廣大。徧滿三千大千世界。諸堅鞕物。大地山河石壁。一切悉空。心無所寄。

爾時自然見金剛際。有十四金剛輪。從金剛輪下。自然上踊。更相振觸。至行者前。爾時心樹諸㲉華端。自然火起。燒諸華葉。樹上四果。墮行者頂。從頂而入。住於心中。爾時此心。豁然明了。見障外事。復有六象。其色正黑。蹋大地壞。吸飲諸水。風吹象殺。象耳出火。燒象都盡。四大毒蛇。走上樹端。見有一人。似大力士。拔此大樹。下至金剛際。上至三界頂。令樹動搖。行者心中。四明珠果。復出大火。燒樹荄絕。是時大樹。散如微塵。

行者見已。我今觀於水火風等。及與水大。一切無常。須臾變滅。當自觀我身內。四大火起無窮。地水風等。亦復如是。此無明相。空無所有。假偽顛倒。猶如霜炎。屬於三界。緣於癡愛。三十三億念生法。九百九十轉。次第念麤相。結使九十有八。枝條種子。彌覆三界。為是眾結。受生無數。或墮地獄。猛火焚身。或為餓鬼。吞飲融銅。噉熱鐵丸。百千世中。不聞水穀。或為畜生。駝驢豬狗。數不可知。人中受苦。眾難非一。如是眾多。從癡愛得。今觀癡愛。性無所有。

作是思惟時。釋迦牟尼佛。放金色光。與諸聲聞眷屬圍繞。告行者言。汝今知不。色相虛寂。受想行識。亦復如是。汝今應當。諦觀空。無相。無作。無願三昧。

空三昧者。觀色無性。及一切諸法。空無所有。如是衆空。名空三昧。

無願三昧者。觀涅槃性。寂滅無相。觀生死相。悉同如實際。作此觀時。不願生死。不樂涅槃。觀生死本際空寂。觀涅槃性相皆同。入空無有和合。是名無願三昧。

無作三昧者。不見心。不見身。及諸威儀有所修作。不見涅槃有起性相。但見滅諦。通達空無所有。

爾時行者。聞佛世尊。說是空無相無願三昧。身心靜寂。遊三空門。猶如壯士。屈伸臂頃。應聲即得超越九十億生死洞然之結。成阿羅漢。不受後有。梵行已立。知如道真。豁然意解。無復餘習。漏盡慧通。自然而得。其餘五通。要假修得。六通義廣。說如阿毗曇。

結語

爾時世尊。為阿祇達。說是賢聖空相應心境界分別。十一切入相已。默然安隱。入無諍三昧。放眾色光。普照世界。是時會中。二百五十比丘。心意開解。成阿羅漢。五十優婆塞。破二十億洞然結。成須陀洹。天人大眾。聞佛所說。皆大歡喜。

爾時長老阿難。即從座起。白佛言。世尊。如來初為迦絺羅難陀說不淨門。為禪難提比丘說數息法。為阿祇達說四大觀。如是眾多微玅法門。云何受持。當以何名。宣示後世。

佛告阿難。此經名禪法祕要。亦名白骨觀門。亦名次第九想。亦名雜想觀法。亦名阿那般那方便。亦名次第四果想。亦名分別境界。如是受持。慎勿忘失。

佛告阿難。我滅度後。若有比丘。比丘尼。式叉摩尼。沙彌。沙彌尼。優婆塞、優婆夷。若有欲學三世佛法。斷生死種。度煩惱河。竭生死海。滅愛種子。斷諸使流。厭五欲樂。樂涅槃者。當學是觀。此觀功德。如須彌山。流出眾光。照四天下。行此觀者。具沙門果。亦復如是。

佛告阿難。佛滅度後。若有比丘。比丘尼。優婆塞。優婆夷。欲學此法者。當離四種惡。何等為四。一者。淨持禁戒。威儀不犯。於五眾戒。若有所犯。應當至心。懺悔清淨。戒清淨已。名莊嚴梵行。二者。遠離憒鬧。獨處閑靜。繫念一處。樂少語法。修行甚深十二頭陀。心無疲厭。如救頭然。三者。掃偷婆塗地。施楊枝淨籌。及諸苦役。以除障罪。四者。晝夜六時。常坐不臥。不樂睡眠。身倚側者。樂常冢間。樹下阿練若處。食若鹿食。死若鹿死。若有四眾。行此四法者。當知此人。是苦行人。如此苦行。不久必得四沙門果。

佛告阿難。若有四眾。修繫念法。乃至觀見腳指端。手指端。一節少分白骨相。極令明了。若見一指。若見一爪。一切諸白骨。當知此人。以心利故。命終之後。必定得生兜率陀天。滅三惡道。一切苦患。雖未解脫。不墮惡道。當知此人。功德不滅。已得免離三塗苦難。何況具足諸白骨人。見此骨人者。雖未解脫。無漏功德。當知此人。已免一切三塗八難苦厄之患。當知此人。世世所生不離見佛。於未來世。值遇彌勒。龍華初會。必先聞法。得證解脫。

佛告阿難。若有比丘。比丘尼。優婆塞。優婆夷。於佛法中。為利養故。貪求無厭。為好名聞。而假偽作惡。實不坐禪。身口放逸。行放逸行。貪利養故。自言坐禪。如此比丘。犯偷蘭遮。過時不說不自改悔。經須臾間。即犯十三僧殘。若經一日。至於二日。當知此比丘。是天人中賊。羅剎魁膾。必墮惡道。犯大重罪。

若比丘尼。妖冶邪媚。欲求利養。如貓伺鼠。貪求無厭。實不坐禪。自言坐禪。身口放逸。行放逸行。貪利養故。自言坐禪。如此比丘尼。犯偷蘭遮。過時不說不自改悔。經須臾間。即犯十三僧殘。若經一日。至於二日。當知此比丘尼。是天人中賊。羅剎魁膾。必墮惡道。犯大重罪。

若比丘。比丘尼。實不見白骨。自言見白骨。乃至阿那般那。是比丘。比丘尼。誑惑諸天龍鬼神等。欺世間人。此惡人輩。是波旬種。為妄語故。自說言我得不淨觀。乃至頂法。此妄語人。命終之後。疾於雹雨。必定當墮阿鼻地獄。壽命一劫。從地獄出。墮餓鬼中。八千歲中。噉熱鐵丸。從餓鬼出。墮畜生中。生恆負重。死復剝皮。經五百身。還生人中。聾盲瘖瘂。癃殘百病。以為衣服。如是經苦。不可具說。

若優婆塞。實不坐禪。自言坐禪。實不梵行。自言梵行。是優婆塞。得失意罪。不淨有作不起。墮落臭旃陀羅。與惡為伴。是朽敗種。不生善芽。貪利養故。多求無厭。經於一日。乃至五日。犯大妄語。此大惡人。波旬所使。是旃陀羅屠兒羅剎同類。必定當墮三惡道中。此優婆塞。欲命終時。十八地獄。火車鑪炭。變化惡事。一時迎之。必定當墮三惡趣中。無有疑也。

若優婆塞。實不得不淨觀。乃至煖法。於大眾中。起增上慢。唱如是言。我得不淨觀。乃至煖法。當知此優婆塞。是天人中賊。欺誑世間。天龍八部。此優婆塞。命終之後。疾於雹雨。必定當墮阿鼻地獄。

滿一大劫。地獄壽盡。生餓鬼中。經八千歲。噉熱鐵丸。從餓鬼出。墮畜生中。生恆負重。死復剝皮。經五百身。還生人中。聾盲瘖瘂。癃殘百病。以為衣服。如是經苦。不可具說。

若優婆夷。顯異惑眾。實非坐禪。謂言坐禪。此優婆夷。得失意罪。垢結不淨不起。墮落不淨有作臭旃陀羅。此優婆夷。與惡為伴。是魔眷屬。必定當墮三惡趣中。是優婆夷。過時不說。不自改悔。經須臾間。一日乃至五日。是優婆夷。貪求無厭。實非梵行。自言梵行。實非坐禪。自言坐禪。此大惡人。必定當墮三惡趣中。隨業受生。

若優婆夷。實不得不淨觀。乃至煖法。於大眾中。唱如是言。起增上慢。自言我得不淨觀。乃至煖法。此優婆夷。是天人中賊。命終之後。疾於雹雨。必定當墮阿鼻地獄。滿一大劫。地獄壽盡。生餓鬼中。經八千歲。噉熱鐵丸。從餓鬼出。墮畜生中。生恆負重。死復剝皮。經五百身。還生人中。聾盲瘖瘂。癃殘百病。以為衣服。如是經苦。不可具說。

佛告阿難。若比丘。比丘尼。優婆塞。優婆夷。繫念住意。心不散亂。端坐正受。住意一處。閉塞諸根。此人安心念定力故。雖無境界。捨身他世。生兜率天。值遇彌勒。與彌勒俱下。生閻浮提。龍華初會。最先聞法。悟解脫道。

復次阿難。佛滅度後。濁惡世中。若有比丘。比丘尼。優婆塞。優婆夷。實修梵行。行十二頭陀莊嚴身。心行念定。修白骨觀。觀於不淨。入深境界。心眼明利。通達禪法。如此四眾。為增長佛法故。為法不滅故。當密身口意。猶如有人。遇身心病良醫處方。當服醍醐。爾時病者。則詣國王。求乞醍醐。王慈愍故。即以醍醐持用賜之。因敕病人服醍醐法。當於密屋。無風塵處。而取飲之。飲已閉口。調四大氣。勿令失度。若比丘。比丘尼。服此甘露灌頂藥者。唯除知法教授之師。不得妄向他人宣說。若向他說。即失境界。亦犯十三僧殘之罪。若諸白衣。欲行禪定。得五神通。尚不應向他人宣說。言我得神通。仙咒術。一切宜祕。何況出家受具足戒。

若得不淨觀。乃至煖法。不得妄向他人宣說。若向他說。即滅境界。使多眾生。於佛法中。生疑惑心。是故我今於此眾中。制諸比丘。比丘尼。若得不淨觀。乃至煖法。當密修行。令心明利。唯向智者。教授師說。不得廣傳。向他人說。若向他說。為利養心。應時即犯十三僧殘。過時不懺。心無慚愧。亦犯重罪。如上所說。

復次阿難。佛滅度後。現前無佛。四部弟子。求解脫者。得不淨觀。當密藏祕。勿令他知。譬如有人。貧窮孤獨。生濁惡世。屬無道王。彼貧窮人。掘地求水。宿世因緣。忽遇伏藏。大獲珍寶。怖畏惡王。密藏此寶。不令他知。但於屏處。取此珍寶。以供妻子。密受快樂。佛滅度後。四部弟子。得禪樂者。亦復如是。當密藏之。不得廣說。若廣說者。犯大重罪。

復次阿難。譬如長者。獨有一子。遇大重病。鬚眉落盡。爾時長者。內自思惟。我今衰禍唯此一子。遇此重病。當何處求覓良醫。作此語已。大出財寶。募訪良醫。長者宿福。忽遇一醫。多知經方。長者白言。唯願大師。起大慈悲。我有一子。遇患多時。唯願大師。救療此患。設得愈病。今我家中。大有財寶。猶如北方毗沙門天王。若子得差。唯除我身。一切奉上。不敢違逆。時彼良醫。告長者言。汝今能造七重闇室。極令深密。然後可令汝子服藥。服此藥已。不得見人。不向他說。經四百日。兒乃可差。

佛告阿難。佛滅度後。佛四部眾弟子。若修禪定。求解脫者。如重病人。隨良醫教。當於靜處。若冢間。若林樹下。若阿練若處。修行甚深諸賢聖道。當密身口。於內心中修四梵行。修四念處。修四正勤。修四如意足。修五根。修五力。修七覺道。修八聖道分。修四禪。修四無量心。遊入甚深無量空三昧門。乃至得六神通。如是種種勝玅功德。但當一心密而行之。慎勿虛妄。於多眾前。自說得過人法。若說得過人法。如上所說。必定當墮阿鼻地獄。

佛告阿難。我般涅槃後。初一百歲。此不淨觀。行閻浮提。攝放逸者。令觀四諦。一日之中。修無常觀。得解脫者。如我住世。等無有異。二百歲後。此閻浮提。四部弟子。二分之中。一分弟子。修無常觀。得解脫道。三百歲時。四部弟子。四分之中。一分弟子。修無常觀。得解脫道。四百歲時。四部弟子。五分之中。一分弟子。修無常觀。得解脫道。我涅槃後。五百歲時。四部弟子。十分之中。一分弟子。修無常觀。得解脫道。六百歲時。四部弟子。百分之中。一分弟子。修無常觀。得解脫道。七百歲時。四部弟子。千分之中。一分弟子。修無常觀。得解脫道。八百歲時。四部弟子。萬分之中。一分弟子。修無常觀。得解脫道。九百歲時。四部弟子。千萬分中。一分弟子。修無常觀。得解脫道。千歲之時。四部弟子。億分之中。十人百人。修無常觀。得解脫道。

過千歲已。此無常觀。雖復流行。閻浮提中。億億千萬眾多弟子。若一若兩。修無常觀。得解脫道。千五百歲後。若有比丘。比丘尼。優婆塞。優婆夷。讚歎宣說。無常。苦。空。無我觀者。多有眾生。懷嫉妒心。或以刀斫。或以瓦礫。打拍彼人。罵言癡人。世間何處。有無常觀。苦空無我。身肌白淨無量。云何反說身為不淨。汝大惡人。宜合驅擯。

此相現時。百千人中。無有一人。修無常觀。此相現時。法幢崩。慧日沒。一切眾生。盲無眼目。釋迦牟尼佛。雖有弟子。所著袈裟。如木頭旛。自然變白。諸比丘尼。猶如婬女。衒賣女色。以用自活。諸優婆塞。如旃陀羅。殺生無度。諸優婆夷。邪婬無道。欺誑百端。此相現時。釋迦牟尼無上正法。永沒無餘。佛告阿難。汝持佛語。為未來世四部弟子。當廣宣說。分別其義。慎勿忘失。

復次阿難。汝當為來世諸眾生等。當宣此言。如來大法。不久必沒。汝等於佛法中。應勤精進。當觀苦。空。無常。無我等法。佛說此語時。八千天子。悟解無常。遠塵離垢。得法眼淨。五百比丘。即於座上。不受諸法。漏盡意解。成阿羅漢。爾時長者阿祇達。并千二百五十比丘。諸天龍神。聞佛說此無常觀門。心開意解。皆悉達解苦空無常。頂禮佛足。歡喜奉行。

禪觀正脈研究

南懷瑾先生講述　李默然記輯

公案三生白骨禪

古往今來，多少世間人夢寐以求出世間的妙法。地不分東西南北，人不論男女老幼，正如古人所說：「學道者如牛毛，成道者如麟角。」實在一點不假。禪宗三祖僧璨大師的〈信心銘〉說：「至道無難，惟嫌揀擇。」雖然人人都知道大道原本平凡，平常心即是道，但卻因揀擇無難中的難處，迷惑了多少人群，千山萬水，跋涉種種艱難辛苦而求道求法，結果還是零落歸山丘，依然白骨揚塵，虛誑終生。

自民國六十六年（西元一九七七年）初開始，到六十八年（西元一九七九年）底，懷師再度閉關，三年期滿。於出關前夕，因某法師的至誠啟請法要，師即一笑提筆，寫了明代詩人唐寅的一句詩：「公案三生白骨禪」作為答案。看了讓人一頭霧水，更為茫然。

可惜讀書不多，為了追踪根源，查出唐伯虎的這首全律，原是：

悵悵莫怪少時年　百丈遊絲易惹牽
何歲逢春不惆悵　何處逢情不可憐
杜曲梨花杯上雪　灞陵芳草夢中烟
前程兩袖黃金淚　公案三生白骨禪
老後思量應不悔　衲衣持鉢院門前

在唐伯虎這首詩裡，當然找不出佛法與道妙，只是看到文人的錦心繡口，妙筆生花的文字遊戲而已。

然而文字般若，亦非容易，雖然說詩文只是雕蟲小技，但要仔細推敲，以積學太淺來說，也頗費一番精神。唐伯虎為什麼說到「灞陵芳草」？為什麼說到「衲衣持鉢」？又要碰上追踪典故的麻煩了。至於「前程兩袖黃金淚」，還可推測而知他受寧王宸濠迫害的歷史掌故。但「公案三生白骨禪」，與他又有何干？

為了「衲衣持鉢」，又想到要修道成道而必須出家為頭陀云云。再念及蘇東坡答道元佛印禪師的詩：

瘦骨難支玉帶圍　鈍根仍落箭鋒機
欲教乞食歌姬院　猶勝雲山補衲衣

讀了蘇詩，仍然不得著落，為了「乞食歌姬院」的故事，還須追尋李唐後主時代韓熙載政治逃難的掌故，愈來愈麻煩。先不說佛法道妙，只從「書到用時方恨少」的角度來講，還不如乾脆請教懷師，接受一番教訓比較省力。結果師說：用心在尋章摘句以求道妙，總是多餘，不如用志不紛，勤求佛法為是！雖蒙慈悲解說這兩首詩的內涵，仍然諄諄告誡不可從文字上求。於是蒙師再為說《禪祕要法》不淨觀、白骨觀等，貫通三乘修法的奧妙。

首先師設三問：

讀大小乘經律的記載，當世尊住世，所謂正法時期，何以出家眾的僧尼，及在家修士，大多數能立地證果，甚之悟道。所以者何？

讀東漢以後的佛教史料，包括《高僧傳》初集，《比丘尼傳》等。當佛經三藏教法，尚未普遍傳入時，中國初期出家眾的僧尼及一般修學者，由禪觀修持而得證果，頗不乏人。自智者大師創立天台宗教義以後，再加達摩大師東來傳授禪宗心印，直至初唐，單傳一脈而至六祖，禪道普行。又有玄奘大師譯出大小乘經藏，十宗昌盛。從此以後，明理者多，實證者少。甚之，每下愈況，愈來愈差，乃至通通流於口頭禪，皮相佛，所以者何？

由持齋吃素而到念佛生西。或觀心參禪，而到追求祕密宗乘的修法。甚之，轉入丹道，如宋釋（薛）道光改學丹道南宗。無論禪淨律密，各宗各派，紛紛離情絕俗，號稱專修者多如過江之鯽，而確得悟真證果者，寥若晨星。所以者何？

經此三問，尋思至再，猶始終不得要領。

師云：無他。正以好高騖遠，足跟自不點地，不從平常心入道而已。且師常言：「最初的，即是最後的。最平凡的，即是最高深的。」列子說：「大道以多歧亡羊，學者以多方喪生。」如此而已。

師復云：當以經律中世尊初傳法藏，從四念處入門以至三十七菩提道品。尋繹鳩摩羅什法師所傳譯之《禪祕要法》中所蘊藏「不淨觀」、「白骨觀」的祕密，貫而通之，神而明之，依教奉行，虔誠制心而修證之，足以盡大小乘密藏的道妙。何須心外求法，向外馳驅。

講到「不淨觀」與「白骨觀」等的基本佛法，固皆人人盡知，而人人未以為然，更啟疑竇，因進而請師再為慈悲開示。師即默然良久，囑取《禪祕要法》原譯，詳為開示如次：

實修禪觀的證驗公案

時間：世尊住世時期。

所在地點：王舍城、迦蘭陀竹園。

與會聖眾：舍利弗、大目犍連、摩訶迦葉、摩訶迦旃延與五百聲聞羅漢，及千二百五十常隨眾等。

主請修法者：王舍城中一位比丘，摩訶迦絺羅難陀。

性格：生來聰明多智，博通印度傳統文化的宗教哲學、婆羅門教理。諸如四毗陀論、違世羈經、道術方書、天文與陰陽術數等學，並及一切世間技藝，無所不能。

但出家以來，經歷多年，於佛法味，獨不得嘗。

正當世尊入深密禪定，默然不語時，迦絺羅難陀前來請示修法。見佛入定，便轉到智慧第一的舍利弗面前，請求說法。舍利弗於是為他解釋苦、集、滅、道——四諦法門的義理，反覆分析四諦的精闢道理。他聽了七遍，始終不悟，總是無法生起正信。

跟著又轉而請教五百聖眾的得道羅漢。他們又同樣的為迦絺羅難陀反覆解說四聖諦法門七遍。仍然不悟。

恰好世尊出定。因此，他又回轉身來，請求世尊開示法要。世尊又為他重演四諦法門，反覆深入地講了七遍，結果還是無動於衷。

此時在旁邊隨緣聽講的五百天子，如法聽習，因而得入初果須陀洹的道果，讚歎備至，以天華供養，作為報謝。惹得迦絺羅難陀心懷慚愧，默默無言的全身投地，再度拜倒佛前以求懺悔，痛哭悲涕不已。引得旁邊站立的阿難尊者，深為感傷，挺身而出，叉手禮佛，進而問道：迦絺羅比丘，聰明多智，又多才多藝，何以如此至誠求佛修法，反而不得要領，不能證得法要？

世尊聽了阿難所問，莞爾微笑，口出五色祥光，遶佛七匝，再從頂門還入。然後說出迦絺羅難陀的三生公案：

往昔久遠劫來，當然燈佛（也正是為釋迦文佛印證授記的古佛，事跡見於《金剛般若波羅蜜經》中世尊自說因緣）出世的時代，有一比丘，名阿純難陀，聰明多智。正因為他自恃聰明多智，既憍傲，又我慢——見多識廣，多思多慮，懷疑不定。因此，自以為是，放逸不羈，不肯腳踏實地，專一勤修——觀身不淨、觀受是苦、觀心無常、觀法無我的四念處法。

因為聰明多智、憍慢、放逸的重大結習，累積成為果報，身壞命終，反而墮於黑闇無明地獄。經過長劫，從黑闇地獄出，轉生於極其傲慢狂妄的龍、象之類，達一千生之久。但他在此旁生中，五百生中，常作龍王，五百生中，常作象王——凡具憍暴之氣的各類王者，大多有此難消結習。千生之難滿，因宿習善根種性的恢復，便捨此畜生道身，又轉生為人，出家持戒。因此功德，復得生為天人。享盡天福命終，再來人間。

他因秉受有多劫以前的聰明多智，以及讀誦鑽研三藏經文的種性，所以今生值佛教化，樂於研究。但因多生放逸不羈的結習，心多散亂，不能誠信，不肯腳踏實地，勤修四念處法，所以今生仍然不能覺悟。

迦絺羅難陀跟著阿難尊者，聽佛說到這裡，立刻就從地上起立，長跪佛前，請求世尊教導他如何專心繫念一緣的方法。

世尊便對阿難與迦絺羅難陀說：

諦聽！諦聽！善思念之。難得你今天來問我，如何才能滅除心中亂想的心賊。這是過去、現在、未來三世諸佛對治煩惱的法藥，同時也是關閉一切諸放逸門的甘露正法。現在我將普為人天開講八正道——正見、正思惟、正語、正業、正命、正精進、正念、正定。但願你好好諦觀心法，不要再散亂、放逸。

正當世尊說到此處，當時在場的五十位大比丘，同時請託阿難尊者轉求世尊，准許隨學如何能不放逸的修法。

世尊便說：我現在不但為迦絺羅難陀以及與會等大眾，說此法要，同時也為將來那些懈怠放逸的修行人，說此專一繫念法門。並且轉對迦絺羅難陀說：你這次聽受我法，慎莫忘失。從現在開始，應老老實實專修出世的沙門法。

初修專一繫念法

所謂專修出世的沙門法，應當獨居靜處，鋪好尼師壇（即坐具），整齊衣服，或披服袈裟，端身正坐，左手放在右手上，兩大拇指舒適相拄。閉目，舌抵上腭，攝心凝神，使自安住，不至散亂。

【此處所用手印，亦可同禪定三昧正印，右手放在左手上，兩大拇指舒適相拄——七支跏趺坐法。此法隨處可見，不另詳說。】

【安坐澄心以後，應當觀察默念：「崇高必至墮落，積聚必有消散，緣會終須別離，有命咸歸於死。」世間無常，必歸死寂的死觀。】

一、然後意念返視，繫念在左腳大拇指上，諦觀左腳的大拇指前半節，如死後初起潰爛，生了膿疱那樣的去想像。

二、專念諦觀左腳大拇指的膿疱潰爛，化成膿水，露出了非常白淨的骨頭，放著白色的光芒。

三、返觀意想中，既見白骨、白光以後，再依次使整個大拇指的肉，分裂開來，見到大拇指節的全節白骨，綻放白光。

世尊說到這裡，便對迦絺羅難陀說：如此觀想，便是專一繫念的法門，你去好自修為。

迦絺羅難陀聽佛如此說法，非常歡喜，便去依教奉行。

他依佛所教，不敢妄作聰明，再自散亂。先從左腳大拇指作白骨白光的觀想。觀想成就之後，再觀第二個腳指節，也成就了白骨白光想相。再觀第三腳指，到了第三腳指的白骨白光觀想成就之後，心量逐漸擴大，就可同時觀起五個腳指的白骨白光，一時俱現。左腳觀成，再觀右腳，也是同樣如此，然後就把心念定止在這五節白骨上，使得心念不再亂跑。如果雜思亂想又起伏波動的話，就再攝心凝神，再歸到當初觀想大拇指前半節的境相，一步一步重新觀想。

只要大拇指前半節的觀想成就了，全身自然柔軟溫暖，從心胸部位以下，會有暖熱的感覺，到了此時，有此象徵，就可達到繫心住的境界了。

【這也就是通說小止觀得初住止境。】

白骨觀想法

專一繫念，達到繫心不亂，安然而住的境界，就要再進一步起心觀想，使足趺（腳背）的肉，向兩邊劈開來，意境上呈現腳背的這五根骨頭，猶如珂雪般的白淨，了了分明。

這步觀想成就之後，再觀想踝骨的肉質向兩邊劈開，又見踝骨，皎然白淨。

再次，便觀脛骨的肉褫落，露見皎然白淨的脛骨。（附圖）

漸次向上觀想，膝骨，髖骨以至於到達兩脇的脇骨，然後再轉過來觀想脊骨，肩骨。

然後再從肩向下觀到肘骨，腕骨，手掌骨，手指骨，而至頸部以下的白骨，歷歷分明，皎然呈現，在意境中的想相，如實映現。

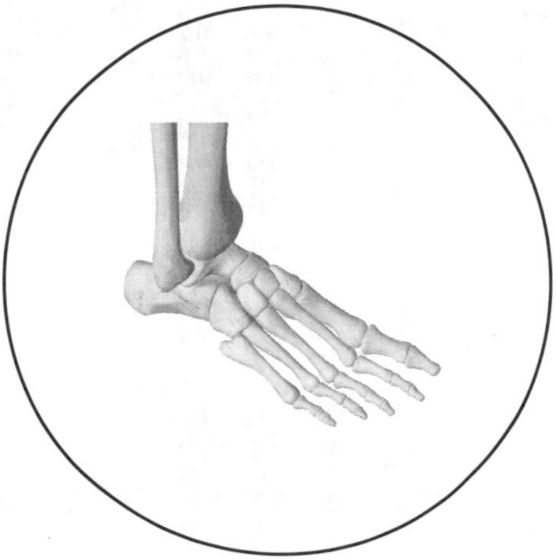

化朽腐為神奇的不淨觀

自頭部以下的白骨觀想之後，接著猶如拿現代解剖的學識，復為詳說不淨觀的次第。

（一）觀想頭皮，頭皮觀想出來了，再觀想薄皮、膜層、腦髓、脂肪等。

（二）在觀想到頭腦部分脂肪以後，跟著便循序而下再觀想咽喉、肺腧、心、肺、肝、大腸、小腸、脾、腎。生臟、熟臟。

【生臟，照傳統中國醫學的看法，大致相當於五臟：心、肝、脾、肺、腎。

熟臟，則大約相當於六腑：三焦、大腸、小腸、膽、胃、膀胱。

如果我們用現代觀念為生臟、熟臟下註解的話，那麼生臟大約包括了呼吸系統與循環系統。熟臟則大約包括了排洩系統和消化系統，甚之，具含賀爾蒙等系統。例如其他佛經說到孕婦懷胎，在生臟之下，熟臟之上。都是東方古代醫藥上的簡略觀念。時代不同，知識不同，既不必引古薄今，也不必以今非古。】

（三）生臟中有四十戶蟲，每戶統有八十億小蟲，每一蟲都從諸脈中孵乳產生。約有三億，它們的嘴都啣著生臟。每一個蟲，都有四十九個頭，它的頭尾極細，猶如針鋒。

這些蟲等，有二十戶是火蟲，從火精而生。二十戶是風蟲，從風氣生起。

這些蟲等，出入諸脈道，悠遊往返。火蟲動風，風蟲動火。互相呼吸以熟養生臟，上下往復，凡有七返。

這些蟲等，都有七隻眼睛，眼中出火。還有七個身子，運動吸火，以熟養生臟。等到生臟長養熟了，各自還入諸脈道中。

還有四十戶蟲，戶領三億小蟲，身赤如火。每個蟲有十二頭，每個頭有四張嘴，嘴裡啣著熟臟，爪間流著鮮血。這些蟲等，皆可由觀想中而得見之。

【道家稱人身有三尸蟲，如云：上蟲居腦中，名彭倨。中蟲居明堂，名彭質。下蟲居腹部，名彭嬌。因此，統名為三彭或直名為三尸。這是指人身內外，統是一具寄生蟲的世界。

據現代醫學知識，人體皮膚平方寸地方，約有五十億各種細菌存在。維持均衡。假使均衡破壞，可能某種細菌佔優勢，便成皮膚病。

又有人認為佛說不淨觀中所說生臟、熟臟中的蟲，很像是指紅血球和白血球新陳代謝的狀態。這也是根據現代醫學知識的觀點，在座的洪文亮醫師，便如此說。

總之：必須注意，佛說此節不淨觀的一段，除骨骼系統以外，將體內腑臟系統，也分作兩類。神經、血管等，統歸入脈道一類。長養生息的細胞活動，便歸入於蟲類。內淨心意，外淨肉身，即是入道之門，其中奧義，須得仔細參詳。】

（四）觀想得生臟、熟臟的蟲類以後，再觀想這些蟲等，都從咽喉吐出（如吐膿痰狀況）。

（五）然後再觀想小腸、肝、肺、脾、腎都流注入於大腸中，如裝成一個皮袋，一齊從咽喉吐出，吐到前面地上。這一步觀想觀成了，就再觀想面前地上屎、尿、臭穢雜處，其中有蚘蟲等互相纏縛。這些蟲的嘴裡，都有不淨的膿血流出，充斥地上。

（六）觀想成就到此地步，由不淨觀轉接已與白骨觀合一，便可觀見自身骨節，節節相拄，猶如淨白雪人。

（七）如果在觀想法中，觀見自身骨節呈黃色或黑色的，便當至誠悔過，反觀自己平常起心動念的種種貪、瞋、癡、慢、疑、悔等罪業心理，至心懺悔，永不再犯。

如真懺悔了，可得觀見自身黃或黑的骨上生皮，因至誠懺悔的感應，這一層皮自然剝落，堆積在前面地上。仔細諦觀，漸漸長大如飯碗，如甕缸，甚之，大如海市蜃樓。總之：或大、或小，可以隨心所欲觀想而變幻不定。

再漸增長觀想，猶如大山一樣。便有許多蟲類爭相啖食。於是皮山中，流出膿血，在膿血中，又有無數細蟲，遊走在膿血之間。

然後皮山漸漸爛了壞了，只有少數的蟲類，互相爭食。

（八）觀想到此地步，有時便可觀見有四大夜叉（註一）從地下冒出，眼中出火，舌如毒蛇，每個都有六個頭，每個頭各有不同的形狀：一個像山，一個像貓，一個像老虎，一個像狼，一個像狗，一個像老鼠。他的手像猿猴，十個指頭的尖端，都有四個頭的毒蛇在活動；一條蛇出水，一條出土，一條出石頭，一條出火。他的左腳像鳩槃荼（註二）的足，右腳像毘舍闍（註三）的足，形狀醜惡，甚可怖畏。而且每一個又背負著九種死屍，猶如一隊整齊的行列，要走向修觀想者的面前。

【每當有這種境界現前，應當即以夢幻觀之，解除畏懼恐怖生死的心理習氣，外境即當應時寂滅，還歸清淨。】

世尊對迦絺羅難陀及阿難說：如果修不淨觀者，能到如此地步，便是不淨觀的最初成就。你們應當修習此法，慎莫忘失，好為未來眾生中有志修持者，開演廣說這個三乘聖種的甘露法門。

【好一句三乘聖種甘露法門，應當特別注意參詳。】

當時正當佛制僧伽結夏安居期間，迦絺羅難陀聽了世尊的教導，便老老實實，依所教示的，一步一步仔細觀想修去。經過九十天的專一修持，絲毫不敢移心別念。到了結夏安居期滿的一天——七月十五日，將放僧假，自由活動，諸多比丘僧們，都來禮謝世尊，要各自回轉平時居住的地方去了。就在這最後一天的半夜裡，迦絺羅難陀便循序地修得四沙門果（須陀洹果、斯陀含果、阿那含果、阿羅漢果）、三明（宿命明、天眼明、漏盡明）、六通（天眼通、天耳通、他心通、宿命通、神足通、漏盡通）等道業成果，完全具足。

因此，心大歡喜，特來頂禮佛足，對世尊說：我在今天，因用正思惟修持，而得正受三昧，從此生緣已盡，再也不受後有的纏縛了。由此正信能夠老老實實如法修持，方得道的真諦，必定得成清淨梵行而無疑義。

這個白骨觀和不淨觀的法門，真如大甘露的法器一樣，能夠得到受用的，便可嘗到無上甘露的法食。唯願世尊重為廣說，普利群生。

世尊便對迦絺羅難陀說：你現在果真得到這個法門的實利了，你可以隨意作出十八種變化。迦絺羅難陀奉命，立即踊身住立虛空中，作隨意自在的十八般變化（①右脅出水，②右脅出火，③左脅出水，④左脅出火，⑤身上出火，身下出水，⑥身下出火，身上出水，⑦身上下出水，⑧身上下出火，

⑨履水如地，⑩履地如水，⑪從空中沒而復現地上，⑫從地沒而現空中，⑬⑭⑮⑯空中行、住、坐、臥，身放煙火，踊沒自由，無所觸礙，或出水火遍滿空中，⑰現大身遍滿虛空中，⑱現大身後現小身等，大小自在）。

當時還未散去的諸多比丘僧們，親自看到迦絺羅難陀本是一個我慢心多的人，一旦回心調伏驕狂，至誠向道，隨順佛所教導，不隨六根（眼、耳、鼻、舌、身、意）六塵（色、聲、香、味、觸、法）而向外馳求，但只繫心一處，便得成就阿羅漢果。因此，都隨喜讚歎不已。其中更有一千五百散亂心多的比丘們，親自見證到此事，也都心生歡喜，再來向佛求取如此修持的次第法要。

世尊復殷懃慎重告誡四眾弟子說：

「自今以後，欲求無為道者，應當繫念，專心一處，若使此心馳騁六根，猶如猿猴，無有慚愧。當知此人是旃陀羅（賤人種性），非賢聖種。心不調順，阿鼻獄卒，常使此人。如是惡人，於多劫中，無由得度。此亂心賊，生三界種。依因此心，墮三惡道。」

【所謂鬼類，也包括物理世界有害人類的微生物及細菌之疇。】

度凡夫心海生死境界相

世尊又轉對阿難尊者說：「你現在親眼看見，迦絺羅難陀因為修白骨觀與不淨觀，而得即身證果。你要好好記住這個法門，將來廣為演說。」阿難尊者說：「是的，但希望世尊再作進一步的教示。」

於是世尊便繼而解說第四步白光涌出三昧的方法：

一、只要專一繫念觀想額頭骨中間，如指甲大小的一點白光，切勿三心二意，再作其他的游移妄想。

二、等到額骨中間的一點白光呈現之後，然後再自觀整個頭骨，如白淨的琉璃。

三、再漸漸觀見全身白骨，也如琉璃，皎然白淨，軀體骨幹，全具完整，節節相拄。

四、到了此時，便可觀見如前面不淨觀法所講的，面前地上所呈現的那些體內腑臟等，潰爛的不淨境相。

世尊說到這裡，又很慎重地吩咐：到了此時，切勿因觀見自身的不淨物積聚，而生起厭惡此身的意念，甚至產生捨棄此身的偏差。

【根據律部記載，當世尊住世說法時，有許多比丘，從佛修學到這個程度，就生起厭患色身，厭離此身的偏見，因此而有灰心自殺的行為。這就是被死魔所迷惑，仍然淪墮而不能了生脫死。所以修學到此，出現這種心念時，須特別注意，勿落此魔障為要。】

因此，世尊又說：修不淨觀到達如此境界，或自心生起厭世惡身的觀念時，應當立即改變修觀的方法——「當教易觀」。

這一步易觀的方法是：

一、回轉觀不淨觀的心念，觀想自身的各個骨節之間，放射出白光，光明熾盛，猶如雪山的純淨潔白。面前地上所積聚的不淨之物，被夜叉吸去不見了，依然還歸白淨光明。

二、再而觀想前面有一白骨人，也是純淨潔白。第一骨人觀成之後，跟著有第二、第三，乃至面前滿室都是骨人，前後左右，排成整齊相對的行列，各舉右手，當胸向修此觀行者行禮。而修此觀法者本身，亦覺光明熾盛的自身白骨，漸漸廣大莊嚴。

【如此修習，既不畏懼死魔，亦不畏懼生死。】

三、由此廣大心行，漸漸可由觀想的自境中，觀見室內而到室外，滿是白骨人，行行相向，各舉右手當胸，向修觀行者敬禮。

四、如此觀境成就，再擴而充之，上座下座，都可觀見，盡此世界乃至滿四天下，皆是白骨人。

五、觀想成就如此境相時，修觀行者，絕無驚怖畏懼之感，反而身心安樂。一念之間，可以觀成娑婆世界（註四）間，滿是白骨人，而且個個下垂雙手，舒伸十指，一齊向此修觀行者寂然而立。

再進而觀此世界的山河石壁，一切世事，皆悉變化，如白骨人的淨白。出定入定，常見白骨人。

【亦可起心觀想即有，不觀即無。】

六、修習白骨觀到達如此境界，隨時當住此觀想定境。然後或在觀境中，或隨念出現，見由四方而來，湧出白乳色的大水，迅速奔流，淹沒所有這些白骨人等，了無痕跡。

【到此，自心應更起懺悔，反觀內心的意想奔流，猶如此水大的奔騰洶湧；便當涌身超出而立於虛空中。然後使此心波平靜，觀此大水的波濤境界，亦同歸恬靜，復還如止水澄波，寂然無紋，泊然而住。】

世尊又很慎重的對阿難說：修白骨觀行者，到達了這種境界，名為「凡夫心想白骨白光涌出三昧」，又名為「凡夫心海生死境界相」。

現在為了迦絺羅難陀的成就，再為你及未來一切眾生等說出這個三昧的法門，使能攝止妄想亂心，渡脫生死苦海。你應當好自受持，慎勿忘失。

世尊說到這裡，立即親現白光三昧的一一相貌，給阿難與在場大眾親見以為證驗。並且說：這就是白骨觀最初成就的境界。

【雖然佛說修行到此，還是白骨觀的最初成就境界，還是凡夫心渡生

死大海的法門。但也是四念處中，「觀身不淨、觀受是苦」的真實修行的證驗法門。無論何種修行法門，初基不立，空口說白話，滔滔不絕而說「身空」、「無我」，毫無實證，不是欺人，便是自欺。終有何益？還不如一念回機，老老實實，誠誠懇懇，從凡夫心起修以立根基，再求上進，循序證果不難。

白骨觀的修法，是佛說十念法中「念身」法門最基本的一門修法。無論大小乘，顯密各法門，都不可好高鶩遠而輕忽躐等。即如密宗的各種修觀法門，每一位佛菩薩本尊相狀，大都手持白骨骷髏禪杖，或腳踏死屍，或手持天靈蓋，都是表示以白骨觀為修行初基的密意。無奈愚癡眾生，但鶩高遠而不從足踏實地起修，迷失本師釋迦文佛的婆心教導，何其可悲。

中國自漢魏以後，道家修法的大要，所謂「內照形軀」，以及後世各道派支離破碎的方法，只知道守額中一點的點竅修為，也是由白骨觀脫變而來，久而不知所本。如眾盲摸象，各執一端，仍落迷途。抑何可悲！

白骨觀及不淨觀的修法，是從先了色身，進而了「身見」與「我執」的修法基本。白骨觀——不淨觀，是從四大中，先了地大起修。例如，最初觀想呈現的大水奔流涌出而沉沒了地大所變相的白骨，了無痕跡。便是明示證驗，這個娑婆欲界的眾生，如此肉身，皆因水大所聚，凝固而成為地大的白骨與內含四大的不淨諸物。例如，精蟲、卵子（佛說男精、女血），最初皆由水大（液體）的變化而來。因此，欲初了生死，不畏不怖生死，必先自最初渡此生死海的觀行修起。此即是吾佛慈悲，顯說密法的初步示現。

尤其以生在此欲界中，無論為出家的比丘、比丘尼，或在家的學人，要想先了欲念，寂靜婬欲根本，嚴持「別解脫戒」——比丘戒、比丘尼戒。如不先修白骨觀行，幾乎絕少可言成就。悠悠愛河、欲海，正為生死根本，觀慧不證，定力不成，豈易言了生脫死乃至向上勝妙成就哉！

如由修此白骨觀法門，進而參究奢摩他（止）毘鉢舍那（觀）的理趣，即可直通大乘修法，成就迅速。

【上面所講由白骨觀到不淨觀的修法，有一重要觀念，必須了解，更須切記循序，然後再視修為者本身的變化，靈活運用作觀，有時為了對治身心的覺受習氣，也可以不循固定程序而顛倒修為程序。

白骨的初觀修法，必須從左腳大拇指起觀，循序上來到頸骨為止。然後轉入不淨觀時，先從頭骨部分頭皮開始而下歷五臟而及內外皮肉。此一上下往來的作修法門，即已概括色身氣脈覺受循環往復的妙用。

但在作修白骨觀與不淨觀法門中，佛卻絕口不談氣脈，其故何在？因氣脈約可分為兩種：一粗一細。粗的氣脈，依色身而有，依四大所生，是為凡夫感受境界。細的氣脈，從識智作意所生，已非四大色身的範圍，超越於凡夫禪的境界。

宋元以後的道家一派，講究打通任督二脈等修為，實脫胎於白骨觀與不淨觀的觀法而來，終落下乘，此尤須徹底了知，然後專心修為白骨觀與不淨觀時，才不致於被氣脈等受陰感覺所惑亂。】

白骨第二觀法與火光三昧

世尊又再告誡阿難說：修為白骨觀與不淨觀的觀法，如得初步成就之後，再須教示白骨觀的其他特殊修法。這種特殊觀法之一，首先當修成白骨觀後，隨時隨地，能住白骨觀想的定境中，然後觀想頸部以上的整個頭顱骨倒下，自把整個頭倒在髖骨中間（即是一般常人的小腹部分）。專一觀想，更無其他雜念，必須使倒在髖骨中間的整個頭骨，白淨分明，澄心住想，歷歷分明。

其次，再觀想自身面前也有一白骨人，同樣將頭骨倒在髖骨中間。如此分心想另一白骨人。漸漸再觀想另外的二人、三人，擴充其數，乃至觀見滿屋、滿四天下，都是倒頭骨在髖骨的白骨人。

這一觀想成就之後，再進而觀想所有的白骨人，都縱橫倒落滿地，有的頭顱骨打碎了，有的背脊頸骨折斷了，或者腰骨折斷，或者腿骨分散。甚之，一身骨節，分散零亂，散滿地上，大大小小，紛紛亂亂，都當一一觀想明白，一心不亂，凝然住心不散。

世尊講到這裡，很慎重地再對阿難說：修為白骨觀者，真實觀到這種景象現前，應當轉入正思惟，參破世上各人，無非是一身白骨構成的行屍走肉。一具完整的白骨架構之身，也勢必歸於縱橫散落，委頓塵埃。反觀自身，終亦畢竟無我。既無有我，哪裡又有他身。

由此正思惟的無身無我實證境中，自然身意泰然，安穩快樂，停心安住，更不散亂。

然後再起廣大心，觀想徧滿世間的縱橫亂骨境象中，倏然從四面虛空中，起大火焰，相次延燒這些亂骨，同時也引燃白骨本身的火大功能，自相燃燒，猶如明炎火流。進而觀想熊熊的大火，猶如火山似的從四面燒來。

這步觀想境界現前時，往往會生起極大的恐怖。甚之，出此定境的時候，還覺得此身蒸熱，全體汗出如注。

這時，勘破恐怖心等大散亂，更須攝心歸一，如前反觀自身，成為白骨，極其明了，而止定如初。或者因此入定而不能自起於定時，便須照護修為的同伴，在其耳邊，彈指出聲，或用敲引磬，導之出定。

倘得成就如此第二觀想者，世尊又繼續教導：「當自起念，而作是言，我於前世無數劫來，造熱惱法，業緣所牽，故使今者見此火起。復當作念，如此火者，從四大有，我身空寂，四大無主，此大猛火，橫從空起，我身他身，悉皆亦空。如此火者，從妄想生，為何所燒？我身及火，二皆無常。

佛告阿難，行者應當至心諦觀如是等法。觀空無火，亦無眾骨。作此觀者，無有恐懼，身意恬安，倍勝於前。」

【此一觀行，是正思惟四念處的念身不淨，念受是苦的最基本實證修法。進而如係平日熟悉大乘經典，則轉參佛說《楞嚴經》云：「性火真空，性空真火，清淨本然，周徧法界，隨眾生心，應所知量，……寧有方所，循業發現。世間無知，惑為因緣，及自然性，皆是識心分別計度，但有言說，都無實義。」就可更超一層勝境。或直接轉修暖法，如後世別譯為拙火、靈熱、靈力、靈能等法門。甚之可以直接轉入於火光三昧境地，則非小乘禪觀所可範圍了。

又：觀想頭骨折斷住於髖骨部位的觀法，在平常人來說，可以用作治療高血壓等，自我精神療法。】

慚愧自責第三觀法

世尊說了第二白骨觀法與火光三昧之後，跟著又對阿難開示初步觀心法門的繫念法。

一、先當繫心注住於左腳大拇指，一心諦觀大拇指的皮肉，猶如身死以後的潰爛，先由青紫色，再轉變成腐爛的黑色，流著膿汁，就像被太陽曬烤過的肥肉一樣。這種潰爛的現象，由左腳漸漸蔓延，循左膝上昇到髖骨部位。

二、左腳觀成後，同樣的再觀右腳的潰爛，而延伸到右邊的髖骨部位。

三、兩腳的腐爛景象，都蔓延到髖骨部位。

四、再由腰部上昇，延伸到背部，然後到頸項，到頭部。

五、然後轉至面部至胸，以及全身支節的所有各部，都呈黑色，浮泛不淨的黏液，猶如被太陽曬烤過的肥肉一樣。

如此諦觀此身，極使分明之後，再當觀想一人、二人、三人，漸漸擴充數量。甚之，觀見這個娑婆世界的四方上下，都充滿了如此不淨人等。

由此起修，再轉入正思惟的正念。「念我於前世，貪婬愚癡，不自覺知。盛年放逸，貪著情色，無有慚愧，隨逐色、聲、香、味、觸、法。今觀我身，不淨流溢。他身亦爾，何可愛樂。見此事已，極自厭身，慚愧自責。出定之時，見諸飲食，如屎尿汁，甚可惡厭。」

世尊接著開示，不淨觀想，作修到此境界，即當「易觀」——就須改變原來作不淨觀的心念，轉成觀想身外所有不淨諸物中間，以及四周圍，忽然生起白色炎熱的光影，飄忽流動，照化所有的不淨污體。自身內外，亦被此白色光影包圍，映徹透明。

作修到此境界，當生大歡喜心，由歡喜心的引發，身心輕輭，此心明朗，快樂倍常。

這種修觀的方法，名第三慚愧自責觀，亦名第三津膩慚愧觀。

【如果教理透徹，心行圓明，作修此種觀法，亦可轉入大乘道的喜樂境界與光明成就修法。但能否如此，端在學者的修積福德、智慧兩種莊嚴行門的程度如何了。】

前面已經講了三種修禪定的方法，主要都是以白骨觀做基礎。我們曉得佛法的中心不在於普通的「打坐」，也不是為了長生不老。許多人會問：人不為長生不老，得道又有什麼意思呢？其實佛學談的「空」不是「沒有」。換句話說，學佛的目的比普通觀念中長生不老的欲望大得多。要追求一個「不生不滅」，永遠不死的生命，不是普通的長生不老。這個永遠不死的生命本體，在佛學的名辭，可以叫作金剛不壞的「法身」；至於肉體生命的長生不老，當然也可以修到，那就是金剛不壞的「報身」。法報二身成就了，自然就有千百萬億的「化身」。你們看，這樣的大目標，是不是比一般觀念中的長生不老大得多？

但不管大小乘的佛法，要成道果，第一步要先證到「無我」。我們在理論上的無我，說起來很容易。實證上，拿身心來證到無我，是不容易做到的。不要說「無我」不容易做到，我們做到「空身」或「忘身」都不容易。比如大家靜坐時，每個人都有這種經驗，坐在那裡，始終受到身體的拘束障礙，一會兒痠，一會兒痛，總是忘不了這個身體，沒有辦法達到「忘身」，更不要說「忘我」了。

走白骨觀的路線，觀想成功了，很快的就能夠到達「忘身」，甚至於到達「無我」。平常我們沒有辦法做到「忘身」，也沒有辦法「無我」，就因為我們這個生命，受到所帶來業力的影響。

業力到底是怎麼一回事呢？我們作個比方，這個帶著業力的生命，就好比是塊吸鐵石。所有帶著鐵質成分的東西，都會受到它的吸引力，都會被它吸住。我們有了這個生命以後，為什麼思想，雜念、情感那麼多？因為本身已經好像吸鐵石一樣，那股業力的念力，時時流轉不停，向外馳求、攀緣，解脫不開。我們都知道，佛法的宗旨就是要求解脫，但這些思想雜念的纏遶，又怎麼才能解脫呢？用吸鐵石作比方的話，就是必須先轉化那個磁性的作用，使它還原到沒有磁性的均衡狀態，但這並不是說它磁性的功能喪失了，它那磁性的功能還是具備，只是讓他處於一種均衡狀態，而不再亂吸東西。白骨觀的修法，先空掉這個身體，就好比把吸鐵石轉化成均衡狀態，寂然不動，那麼就很容易證到性空的果位。

我們再拿另一個物理現象來作比方，譬如地球，有地心引力的作用——不只地球，每一個星球，它本身都有吸引力，現代人對這點科學常識應該是有的。你看，當一個火箭衝出地心吸引力的勢力範圍時，地球就拿他沒辦法，無法對它發生影響，無法再把它吸回地面。我們修持修白骨觀，雜念為什麼總是空不掉？因為我們生命所帶的業力，就好比地球一樣，始終向內吸，業力脫不掉。解脫業力要有大勇猛力，如火箭一樣，脫出了地心引力的牽絆，達到空的境界，業力才能解脫。隨著修持的程度，生命可由欲界昇華至色界，乃至到無色界，而後至於超出了三界。所謂超出三界，不是到一個第四界中去，而是在三界中可以自由往來，不受三界業力的吸力所拘束。

白骨觀和果位

但是，由白骨觀空掉了身子，是不是已經解脫了？即使不往生西方，也可以往生東方，或者其他任何一方佛國佛土？是不是能夠超出欲界到色界天？或者由色界天再進到無色界天？或者得個什麼果位？此中道理不是這麼簡單。你工夫即使到達「忘身」了，還是「凡夫禪」，那只是工夫。真正要證果位，必須在「八十八結使」上下工夫。然後才可能經由欲界的初果、二果、三果，至於色界、無色界，斷盡見思惑而得阿羅漢果，不再輪迴於三界。

由白骨觀達到「身空」，這其中有個問題。你怎麼做到身空呢？由白骨觀怎麼到達身空呢？只要白骨觀觀成了，自然就可以做到。那麼，誰在觀想？「我」在觀想。你什麼在觀想？我「心」在觀想。萬法唯「心」造，所以能做到。「心」是什麼？

讓我們先看看我們目前的心理狀況：貪、瞋、癡、慢、疑。這些貪瞋癡慢疑的結使，是情緒化的，也是我們個性上的陰暗面。再加上另外五種觀念思想上的偏差：「身見」、「邊見」、「邪見」、「見取見」、「戒禁取見」等。所謂「見」，用現代話說，也就是思想型態，如見解、觀念等。所謂「思」，則屬心理狀態，如心念、習性等。從佛學觀點來看，欲、色、無色三界的心理狀態，在「見」「思」這兩方面共有八十八種結使。

學佛修道，走禪定的路子，除了在色身上修忘身的工夫之外。最重要的必須在心理的結使上下工夫。果位的差別就在於此。心理結使解脫到什麼程度，就得到什麼果位，這是一定的。至於三界天人的等次，則配合四禪八定的工夫。總之，四果和四禪是有差別的。

上面這些解釋，就是希望大家知道，不要以為作白骨觀就可以證得果位了。到達某個果位的「工夫」固然要從「身」上了；但是真正證得道果，還必須配合「心意識」的結使上了。身心齊了，才是佛法真正修持之路。單從任何一方面了，都無法圓滿道果。

現在這個前提交代了，再看下面的「膖脹膿血想」。

化朽腐為神奇

這第四觀膖脹膿血不淨想的修法，我想大家文字都看得懂了。在定中從「左腳大指」開始，不是觀骨頭，而是觀我們的肉體，從左腿開始，到右腿，然後到全身，觀想自己全身浮腫，然後慢慢潰爛。我們人死了，屍體擺在那裡，也都是這樣，先浮腫，然後從內部開始潰爛，隨後肌肉就青一塊，紫一塊的變色。接著，惡臭難聞的膿汁污血就流了出來。

這不是浮光掠影似的，隨便想一下就算了。要凝下心來，把自己真當成死掉了，屍體爛了，臭得不得了。觀得好的話，自己真會聞到自己的臭味。這就是所謂的「一切唯心造」。全身又臭又爛的境相出來之後，自然覺得這個身體沒有留戀之處。

「想一成已，復更想二。想二成已，復更想三。想三成已，復更想四……」想了自己之後，再想別人。或者假想自己已死未死的親人，有這麼一天也化成一灘膿血，又臭又爛又髒，比陰溝廁所裡的味道都還難受。然後再想像其他的人，乃至於想整個房間，四圍上下，再擴而至於所有天下人的身子都是如此。這不是理念上的思想，硬要觀想成功，境界現前。真正修持到這一步，注意經文上一句話「念我此身，甚可患厭。眾多不淨，彌滿一切。」平常我們對佛經裡的這類理論，差不多是聽過了。但是光懂理論沒有用，現在要在自己身上，「以身求證」，認清楚硬是這麼一回事。

「諦觀是已，畏生死患。」觀想到這個地步之後，就「畏生死患」，才真正的怕生死。你說現在大家怕不怕生死？我們並不是怕「生死」，一般人只是怕「死」。為什麼怕死呢？老實講，是對身體的一種癡戀，以及對自己現有的一切的一種執著。

我們平常對著鏡子，越看自己越可愛。怎麼也捨不得讓它死了、壞了、爛了、臭了。所以，我們普通的人，並不是怕生死，而是怕這個「色身」死了，一切都把捉不住了。如果這一步觀想成功，就會真正怕「生死」。即使死後再來投胎變年輕，變漂亮，到頭來也還是這樣一堆爛肉。因此對「生」也不希求，也是害怕。到了這一步，「道心」才真正堅定起來了。如經典所說「其心堅固，深信因果」。

到了這個時候，「出定入定，恒見不淨。」不論打坐，或者下座的時候，看到世界上所有的人，就是這樣一灘流著膿血的爛肉。於是「欲求厭離，捨棄此身。」很想把自己這個肉體丟掉不要。這時候，你會減肥變瘦了。工夫到了的人，會自然瘦下去，不要害怕，不是病態。

同時也會脫皮，「作此想時，自見己身舉體皮肉如秋葉落。」這不單單是觀想中的境界，工夫到某一階段，自然會脫皮，脫了以後，會變得更白、更潤、更漂亮。

在這一步觀想中，不但脫皮，連肉都一層一層剝落下來，「見肉墮地，在前地已，即大動心，心生驚怖，身心震掉，不能自寧。」我們現在光看文字，覺得這沒什麼可怕的。但觀想中，這個境界現前時，硬是看著自己的身子連皮帶肉，一層一層往下掉，沒有不害怕的。就好像我們平常人打坐，都想求個「空」，但是一旦身心空了，差不多的人都會嚇一跳。

隨著驚恐的心理，「身氣熱惱，如熱病人為渴所逼。」身子躁熱，好像發燒似的，口也發乾。乃至下了座，還是這樣，「如人夏日行於曠野，渴乏無水，身體疲極。」如果這時候正好是冬天的話，你也會覺得好像走在烈日當空的曠野中，穿不住厚衣服，身子很熱，同時覺得四肢無力，很疲勞。這不是病態，也不是因為坐中受到了驚怖，而有了後遺症。實際上，這是心理、生理都起變化的原因。是必然經過的境界，不要害怕。當然可以喝水、喝茶，沒有關係。

有一點需要注意，這時候不想吃東西，看到一切東西都很髒，難以下嚥，「此想成已，乃至食時，見所食物，如膖死屍。見所飲漿，猶如膿血。」這裡有一個難關，釋迦牟尼佛告訴我們一個經驗，「此想成已，極大厭身。觀於身內，及於身外，求淨不得。」你真修到這一步，會非常討厭這個肉體。而且發現裡裡外外沒有一點乾淨的地方。這不是理念上的事，硬是工夫到了的實際感受。「佛告阿難，復當更教，令其易想。莫使棄身，唐無所得。」往往修到這個地步，會不想要這個身體，也不想活在這個世界上，在觀念上，認為我已經證到空了，身體本來就是空的，不想活了，沒有意思，很想自殺算了。那就糟了。假使在這個時候想辦法，把自己生命結束了，那你就「唐無所得」，白修行一場，了無所得，不但談不上證果，而且又墮入輪迴，同時招致更慘的果報。所以，佛再三吩咐阿難：「復當更教，令其易想」，趕快調換一個方法。

「易觀法者，當於遠處臭穢之外，作一淨物，教其繫心，想一淨物。」在視線範圍之內的遠方，或者觀想金身的佛像，或者觀想美侖美奐的極樂世界。如果觀想佛像，譬如觀世音菩薩、阿彌陀佛的像，最好把這個佛像想成中空的瑠璃體，透明光亮，佛像觀成之後，隨著外境的莊嚴清淨，再打入內境界，轉化自己的身心。最後，就如實證到阿彌陀佛所講的淨土境界。把這個娑婆世界的不淨——身、心、物等種種不淨，轉成極樂世界的淨土——心淨，佛土亦淨。

老實說，這個「易觀」，由不淨想變成淨土，就是念佛法門的基礎。這樣把淨土的境界，隨時觀想起來，就是修持，大家沒有研究淨土的《觀無量壽經》，一般人念《阿彌陀經》，木魚一敲，就念過去了，經中所說的那些境界，沒有放在心裡，當然更不會用心去想。殊不知，這個「想」成功，就是觀想的大祕法，就能夠「淨土現前」。這個時候，身上不會再發熱、也不會再厭惡自己的身體、生命。這個時候不但「心念」清淨，「身體」也清淨。那麼，身體上有病的，病也好了。隨著前面觀想膿血的階段，都化掉了。各種病都痊癒了，人也變了，可以說是脫胎換骨。

我們現在都知道，這一觀裡有兩大步驟：先從生命的實際狀況觀起，不淨想的工夫做到了；趕快轉換方法，變成淨想——也就是淨土的觀法。那麼，到了這一步，你悟了道沒有！下面就是有關禪觀——見地方面的東西——「當知此想，從顛倒起。皆由前世顛倒行故，而得此身。」這就是後世禪宗所謂「參」的工夫了。

白骨觀和禪

當我們起心動念要做不淨想的工夫，使身體硬是呈現出這種爛臭的樣子，只要心念專一，「不淨觀」就會現前，因為一切唯心造。如果我們再一轉念，要作淨想時，對自己馬上又反映出菩薩的神態，身心立刻又有一種變化，此中道理好似禪宗公案裡，一位屠夫的悟道偈「昨夜夜叉心，今朝菩薩面。菩薩與夜叉，不隔一條線。」這是屠兒悟道的偈子，普通人只當作文學作品看。至於悟個什麼道，這裡面就大有機關，很難懂了。或許有人會說現在這裡告訴我們的是「漸修」的方法，而那首偈子是「頓悟」後的見地。兩者似乎不必扯在一起。其實漸修與頓悟一點都不衝突。你把這兩種觀想工夫作成功了，由不淨觀變成淨觀，然後就要參了——「淨」與「不淨」不隔一條線，都是由我心念而起。

人沒有悟道以前，沒有一個是聰明人。當年達摩祖師到中國來，就是要找一個「不被人欺」的人。我們普通人都是經常被欺，那麼是誰騙了你呢？其實沒有人騙你，都是自己騙自己。我們前面說過，一般眾生的心理狀況有八十八種結使，歸納而言，就是見思二惑。見解觀念和思想型態兩方面的顛倒迷惑。所以說「當知此想，從顛倒起。」

由一些顛倒錯誤的心行，引發了許多顛倒錯誤的實際行為，像滾雪球似的，越滾越大，我們這個痛苦煩惱的生命就是「皆由前世顛倒行故，而得此身。」有了這個身體，我們又被這個身體所騙，以為這個身體就是我，這就是「身見」，始終要抓住這個身體，捨不得離開它，認為它既可愛又寶貝。其實「如此身者，種子根本皆為不淨。」

你們研究過這個生命，這個「身」的種子是什麼呢？照現代醫學常識來說，我們這個身體是由女性的卵子和男性的精子結合而成的。光從這一點上看，這當然是不淨的。再加上多生累劫種種顛倒不淨的心念、行為，於是就形成了現在這個污穢不淨的身子。

但是一般人並不以為然，通常是對著鏡子，越看自己越可愛。現在因為修持這個「膖脹膿血」的不淨觀，所以「實見此不淨」。通常我們只是理論上知道身體不淨，這是理論，而不是真看到了自己身體上的種種不淨。經過這個觀法的修持，我們身體不淨的本相就會如實呈現心中。

說到這裡，順便講個小說故事，輕鬆輕鬆。故事歸故事，輕鬆歸輕鬆，裡面可有很深的道理喲！唉！不要說你們學佛學不好，你們啊，連小說都不會看。

我們曉得小說上那位有名的哪吒太子，在《封神演義》上的記載，他「剖腹剔腸，剜骨肉還於父母。」而後魂魄飄蕩到他師父太乙真人那裡求救。他師父教他託夢給媽媽，為他建個行宮，塑個金身，使他受些香烟，便好去託生天界。

「剖腹剔腸，剜骨肉還於父母。」就代表他放下了不淨的身見，把這污穢不淨的身體徹徹底底的放下了。「接受香烟，便好去託生天界。」就表示修鍊真精之氣，以超凡入聖。但是有一點要注意，這時候他需要一個「金身」，也就是說，雖然他放下了不淨的身見，但又執著一個淨的身見。他還沒參透「淨」與「不淨」不隔一條線。

後來被他父親發現了這座哪吒行宮，恐怕會遭到「妖言惑眾」的罪名，因此叫隨從士兵把哪吒太子的金身打個粉碎，又放火燒了行宮。

哪吒太子的魂魄只得又飄蕩到太乙真人那裡求救。好，這下子，連淨的身見也打破了，於是就得了蓮花化身。他師父著仙童取了荷花，權充面部，又取荷葉以為軀體，再拿荷葉梗作成骨節，然後把他魂魄罩住，往這上面一推。好了，蓮花化生的哪吒太子出來了。這時候他手拿火尖鎗，腳踏風火輪，好不威風啊！這「風火二輪」就代表了生命的真精（陽）之氣，以及生生不已的生命能。

小說的故事講過了，讓我們再回轉來看看《禪祕要法》，下面接著說「雖見不淨，於外見淨，當知此淨及不淨，不可久停。」都是因緣生法，唯心所造，「隨逐諸根，憶想見是。」許多人修持作工夫，到了清淨境界，一心不亂，或者觀想佛像現前，乃至觀想到佛像與我無二無別，以為這就是了。哈！這就是，是什麼？是「隨逐諸根，憶想分別」啊！這就是《楞嚴經》上所說的「內守幽閑，猶為法塵分別影事。」是第六意識專一，所呈現的境界而已，所以說，當知此淨及與不淨，不可久停。

接下來就發揮了一些佛學的理論，「此不淨身，屬諸因緣，緣合則有，緣離則無。爾所見事，亦屬緣想，想成則有，想壞則無。如此想者，從五情出，還入汝心。諸欲因緣，而有此想。此不淨想，來無所從，去無所至。」

凡是佛學理論，有此理，就一定有此事，是事理合一的。所以我們學佛，除了研究教理外，還要真修實證。如果沒有配合實證的工夫，那些佛學的理論，講好聽一點就是「乾慧」，沒有定水滋養的聰慧；講難聽一點就是瞎吹，抵不住事的。病來抵不住病，生死來抵不住生死。你佛學理論再好，經教再通，都沒得用。

我們可不要因前面剛說了「當知此淨及與不淨，不可久停，隨逐諸根，憶想見是。」這裡又說什麼「想成則有，想壞則無。」「諸欲因緣，而有此想。」既然不淨觀和淨觀，都是因緣生法，經過第六意識的「作意」，使心念專一，而有的境相，那我們又何必把大好的時間、精力花費在這上頭？

我們不要以為因緣生法，不可久停，就不好，就不是道。你們大概都聽說過「因地而倒，因地而起」吧，我們這個「種子根本皆為不淨」的身子，固然是由「前世顛倒行」而來；將來成佛作祖，也還是顛倒「想」——這個「想」的功能的發揮。我們前面曾經提過，這個「想」就是觀想法門的訣竅，「想」成功了，到了心一境性，觀想就成就了。

我們那個顛倒雜亂的第六意識，不經過「諸欲因緣，而有此想」的鍛鍊，不經過不淨觀、淨觀的修持，它就永遠是那麼一團亂七八糟的東西，你這個臭皮囊也就只好永遠在生死煩惱中輪迴。經過了專一瑜珈的訓練，使雜亂的第六意識制心一處，這樣就能轉識成智，也就是六祖說的「轉其名，而不轉其實」，而後才談得上轉凡成聖，超凡入聖。

現在釋迦牟尼佛告訴我們，利用這個顛倒想的「想」，使心念專一，如實見到我這個身體的不淨本相，工夫到了這一步，就要配合見地了，「汝當一一諦觀不淨，求索彼我，了不可得。」

當不淨觀現前時，所謂塵歸塵，土歸土，這一灘灘的膿歸膿，血歸血，然後「我」在哪裡？這也就是禪宗要我們找的「念佛的是誰？」總不是那灘膿，也不是那灘血吧！這本經典雖然講了一大堆白骨觀、不淨觀的方法，但是卻以《禪祕要法》為名。什麼原因？你們現在可以看出點道理了。

二祖當年「覓心了不可得」，於是達摩祖師說「我與汝安心竟」。如今在不淨觀中，「一一諦觀不淨，求索彼我，了不可得。」之後？悟了道之後呢？

「世尊說我及他皆悉空寂，何況不淨。如是種種呵責其心，教令觀空，見髮毛爪齒一切悉無，豁然捨諸不淨之物。如前住意，還觀骨人。」你們看，悟了道以後，還是要修持，所謂「悟後起修，方是真修」，見了空性之後，才正好修持妙有萬行，所以再「還觀骨人」，以白骨觀為基礎。

白骨觀和淨土

我們再從淨土宗的觀點來看看，這一觀法，是了五濁惡世裡的哪一濁呢？「命濁」。修持白骨觀，如果把了命濁這一步觀想觀成了，一念淨土，沒有不往生的，百分之百的把握而且現生會淨土現前。像這些都是《禪祕要法》的奧祕所在。

我平常告訴大家現實的經驗，很多朋友念佛念了幾十年，最後送到醫院，上了氧氣，在這緊要關頭，再叫他念佛，念不起來了。所以修持淨土法門的朋友們要注意了，在這本《禪祕要法》裡，也有你們想要的淨土法門。

這步觀法，從「命濁」開始了之後，接著「見濁」、「煩惱濁」、「眾生濁」也都隨之而了，淨土現前，當然「劫濁」也因此而了。此身心二者化腐朽為神奇的奧妙，非過來人就不得而知了。

這本經典，修持方法被埋沒了一千多年，大家都把它認為是小乘早期的修法，是用來接引那些沒頭沒腦的小乘種性的人，一千多年來看也不看，修也不修。所以後世就學道者如牛毛，證道者如麟角了。而且滑稽了，越是認為自己聰明的人，越是不肯修。叫我坐在那裡想自己又爛又臭又膨脹幹嘛！本來人死了就會爛，這個我早就知道，打起坐來我要任運自在的，還想這些？這些妄作聰明的人等到病了、死了，就知道，哈，任運不自在哪！

在座還有許多學佛的男居士，女居士們，勸他好好放下吧，趕緊修持啊！他們總是情不得已的說，唉呀！我還有一點事情沒了，等這些事情了了，我就好好修了！好，等膨脹膿血來找你的時候，你再看看還有什麼事要了，那時候你再來修看看，沒得你修了，連骨架都散了，白骨也不白了。現在你們還有這個好依靠，這副骨架子。密宗法相裡，許多菩薩手裡都拿著骷髏杖（骷髏杖在顯教裡，就演變成錫杖）。「杖」就是依靠的意思，以白骨觀為修持的基礎，喃。你們沒想到吧？不要說學顯教的朋友們不知道，就是學密宗的，也沒幾個人知道。

現在你們還有副白骨可以依賴，可以修持，趕快修啊！如果說，沒關係，大不了等中陰身時再修，那時候沒有了臭皮囊，沒有這肉體的束縛，就好修持了。嘿！那時候沒有了這副白骨架的依靠，你作不了主了，隨風飄蕩，隨著業力的吸引，就像我們前面所說，像吸鐵石一樣，因緣會遇時，那麼一吸，你就又鑽進一個新的臭皮囊裡去了。

所以「佛告阿難，汝持是語，慎莫忘失此不淨觀及易想法。爾時阿難聞佛此語，歡喜奉行。此想成時，名第四膖脹膿血及易想觀竟。」

第五　薄皮觀

我們看，前面這幾個修法雖然名稱不一樣，但是都以「白骨觀」為主。好，現在又有問題了。就這麼一個白骨觀，為什麼釋迦牟尼佛講上一大堆，前前後後總共說了三十多種不同的觀法？

我們是不是要按照書上的次序，一個觀法接著一個觀法的修持？

大家都知道，釋迦牟尼佛因機設教，敷演出五時八教等各種不同的修法。同樣的，這一種白骨觀，也因各人心理、生理的不同，用佛家說法，也就是業力、根性的不同，諸如慧力、性情等差異，而分成了三十多種觀法。各人選取適合自己的一兩種去修。（這裡面又涉及「知時知量」和「易觀」等問題，我們以後會再作解說。）當然，如果你喜歡每一種都試過，也可以。

和一般佛學的修持方法比較起來，我們現在所介紹的每一種法子，都古里古怪，而且都非常複雜。如果光從文字上看，沒有配合實際的修持經驗，當然會有這種想法。事實上，它每一種觀法都非常科學，而且都有很高深的道理在內。

現在我們看下面這個「薄皮觀」，文字上大家都很容易就看懂了。但是你們要注意，要求「身證」，在止觀中要實際的有這些境相現前才算數。《瑜伽師地論》中，彌勒菩薩也再三提出來，學佛必須要「身證」。一般學佛的，即使理論上懂了很多，身心起不了變化，沒得用。

現在這被沉沒了一千多年的《禪祕要法》，是釋迦牟尼佛親口所傳的修持法門。至於其他的各種修法，是哪個佛，或者哪個菩薩傳的，我們暫時不談。總之，這個「白骨觀」裡頭，融攝了許多修持上的大奧祕。前面已經透露一點消息，接下來還有很多，聽了回去好好修啊！這麼寶貝的方法，如果再不證個什麼果位的話，我真是可以捏個盤（「涅槃」諧音——記錄者按）走路了。

白骨觀和繫心一緣

「佛告阿難，此想成已，次當更教繫念一處，端坐正受，諦觀右腳大指上，令指上皮攜攜欲穿。薄皮厚皮內外映徹，其薄皮內有一薄膜，亦當諦觀。」

現在開始介紹「第五薄皮觀」，這幾個觀法內容不同，但是每一觀的開始，都有個共同處。是什麼？你們誰答得出來？答對的有賞。不知道你們是真客氣還是假客氣，怎麼沒有反應？算了，還是我自問自答吧！

每一觀開始，釋迦牟尼佛都教我們要「繫念一處」，或者「繫念住意」。要「繫念」，把心念拴住，讓心念專一。

為什麼要「繫念」？你們都看過《西遊記》吧？那隻孫猴子就象徵我們這第六意識的心念。一個筋斗雲就翻過了十萬八千里；一會兒上天，一會兒下地；打了龍宮，又大鬧天宮。我們的心念不正是如此？剛剛才想著「肚子餓了」，馬上又想到「美國的太空梭」……。總而言之，是上窮碧落下黃泉，亂七八糟，沒有什麼不想的。好討厭啊！打起坐來，它就搗蛋。你要靜，它偏動，真是麻煩！

不過話說回來，唐僧取經主要還就靠這隻猴子護駕，才大功告成呢。他雖然不聽話，調皮搗蛋，可是既能收妖又能降魔，本事大得很嘞！我們這第六意識的心念也是一樣，雖然它一會兒東一會兒西的亂想一通，可是你們看，什麼電影、電視、電子、電腦，乃至於人造衛星、太空梭等等，不都是它想出來的？要成佛作祖，得道證果，關鍵也還是在它。

你們都知道這隻孫猴子又叫「孫悟空」，為什麼叫他「孫悟空」？《西遊記》可不是哄小孩的故事書喔！現在告訴你們，這是一本哄大人的書，因為大人們都沒看懂，都以為它是神怪故事。其實它是一本道書，許多修行的道理都藏在故事裡，連他們的名字都不是隨便叫的。你看，「悟空」就是悟了空性，道理上明心見性了，然後還要老老實實修持，所以孫「悟空」又叫孫「行者」，乖乖的隨著唐僧，一步一步的往西天行去。路途的坎坷自然不在話下，但是最要命的是他那難改的猴性，也就是所謂的「餘習難除」，一發脾氣，就不幹了，跑回老家去，和猴子猴孫們吃喝玩樂，好不快活！

碰到這麼一個神通廣大，又猴性難馴的齊天大聖，怎麼辦？哈！沒關係，有「緊箍咒」，咒子一唸，老孫就只好乖乖的又回到唐僧身邊，繼續這段千辛萬苦的道路。這就是觀世音菩薩的「繫念法」，用「緊箍咒」把猴子拴住。現在這本《禪祕要法》的「繫念法」，是用「白骨觀」把我們的「心猿」拴住。

不論淨土宗也好，天台宗也好，什麼禪宗、密宗的，乃至於華嚴宗，也都各有他的特殊修法，很少有人知道，在座諸大菩薩當然也不例外，這些都不再多說，總而言之，各宗各派的各種修法都是以「繫念」為基本法則。

從第一天講白骨觀到現在，快一個月了，觀法也介紹了四種，大家觀成功了哪一種？不錯，白骨觀是修行的捷徑，可是為什麼還觀不起來？因為大家心裡那隻猴子還沒拴好。

現在我們看這第五觀，釋迦牟尼佛教我們怎麼繫念法？他教我們要「諦觀右腳大指上，令指上皮攜攜欲穿。」

前面幾個觀法差不多都是從左腳開始，由下往上觀，而且都是觀骨頭，雖然中間也介紹了潰爛、不淨這些觀法，但是最後還是回到白骨上。現在這個法則變了，從右腳開始，雖然還是由下往上觀，可是這一觀教我們觀表皮，「薄皮厚皮內外映徹，其薄皮內有一薄膜亦當諦觀。」

聽過生理衛生課，或者有一點醫學常識的就知道，我們皮膚在表皮下面有一層真皮，真皮下面還有一層薄膜，兩千多年前，釋迦牟尼佛就看到了。他要我們把它觀得「內外映徹」，這也就是「琉璃體」的道理。佛經裡頭，很多地方提到佛像，都說「身如琉璃」，這可不是一句形容辭，工夫修養到家的人，身心內外都沒有一點渣渣，清淨圓明。譬如色界天的天人就只有一團光影。至於那些大菩薩、佛陀們的相貌，就更不是我們所能想像。不過有一點要附帶說明，如果活佛再來，或者大菩薩轉世，他們的外表還是和我們差不多，這也可以說是老子「和光同塵」的道理。所以那位留形住世的賓頭盧尊者，經常在「千僧齋」或隨緣出現，可是他不會讓人認得他，等到他離開了，他才留下一點神異的行蹟讓人們知道。

現在這一觀只教我們把表皮觀得「內外映徹」，這還只是初步。從右腳大指的皮開始觀起之後，「如是漸漸至膝、至髖，左腳亦然。至腰、至背、至頸、至頭、至面、至胸、舉身皆爾。薄皮厚皮內外映徹，攜攜欲穿。如被吹者，其皮膖脹，不可具說。」

說句不客氣的話，大家都沒有什麼禪定工夫，但是打坐的經驗總有一些的，這個「其皮膖脹」的境界有不少人經歷過。最淺顯的例子，有時下座時看看手，每根手指都圓鼓鼓的，皮繃得緊緊的，照照鏡子，喃！皺紋少了，臉上皮也繃緊了，好像去做了拉皮的手術，人變年輕了，好開心啊！其實這算不得什麼，過半個鐘頭，你再照照鏡子看，皺紋又來了，手也乾癟了。就算你每天都很用功，工夫深了，人顯得比較年輕了，這也還是最初步象徵而已。我們人就是個皮袋子，裡面氣多一點，皮就緊一點。你們看小孩子，皮都緊緊的光光的，肉都圓圓的，人老了，氣消了，皮就鬆了，肉也掛下來了。所以不要說學佛修道了，你們要想青春永駐的話，就好好修啊！

我們普通打坐，心能靜，自然會在養氣，生理上自然就會有膨脹感，在這個觀法裡，教我們從心理上入手，觀想「其皮膖脹，不可具說」，生理的氣功自然就在其中。

顛倒淨穢本來人

然後再觀想「身諸毛中，一一毛孔，百千無量諸膿雜汁，猶如雨滴從毛孔出，疾如雲雨，內外俱流，膿血盈滿，不淨之極，難可堪忍，猶如膿池，亦如血池，諸蟲滿中。」

好，皮繃緊了，變年輕了，變漂亮了，然後呢？到最後，還是這麼一灘膿血。不要說死了以後，又臭又爛，就是現在活著，把這層皮一剝，還剩個什麼？所以，愛漂亮的太太小姐們——不對，這句話說得不夠完整，很多先生們也是愛漂亮，說什麼「愛美是人的天性」，這句話一說，把「愛美」說得冠冕堂皇，好像很有道理似的。其實有個什麼道理？有個道理，便是墮落。

你看，白骨觀裡為什麼經常參雜著不淨觀？除了生理氣機的奧妙之外，在心理方面主要就是破除我們的「身見」。像喜歡變年輕，變漂亮，都屬於「身見」，同時也屬於貪念和癡念。我們前面說過，白骨觀不單單是在身體上作工夫，同時還要配合九十八結使的解脫。所以聽了《禪祕要法》，不要以為只要打起坐來把自己想成一個白骨架子就行了。過去在大陸上，有位修行人和我很要好，他就是修白骨觀，觀得很好，不但把自己觀成白骨了，而且看別人也都是白骨。我就恭喜他囉。這位修行人很了不起，他不接受我的恭維，他很老實的對我說，不行噉！心裡的欲念還是空不了啊！他幽自己一默的說「縱然白骨也風流」。哈！你們看，這是前輩修行人的典範，所以我說他是「是真名士自風流」。我這句話的「風流」和他那句話的「風流」可不是同一個「風流」啊！和你們講話很累，解釋了以後還要再下註解。再聽不懂的，不管了，你們自己去找懂的問。

總而言之，平常要多檢點自己的心念，不要以為愛漂亮沒關係，你愛漂亮愛得過火，小心來生變——變什麼？變蟲子。不是嚇人的，佛經上就有這段記載，釋迦牟尼佛有一次帶他的堂兄弟難陀——也是一位美男子，到海邊去，沙堆上躺著一位從來沒有看過那麼漂亮的美女，這個女的已經死了，臉上爬著一條蟲子。釋迦牟尼佛就對難陀說，你看到的，這個女的實在是非常的漂亮，她活著的時候就非常愛美，當然也就很喜歡自己的漂亮，現在她身上那條蟲子就是她變的，因為太愛自己的色相了，死了以後還捨不得離開，由於這個貪念，也是癡念，她就變成了這隻屍蟲，還在自己的屍體上爬。

當然，白骨觀、不淨觀很自然的會使我們的「身見」減輕，其他的煩惱，像貪、瞋、癡、慢、疑等，也都隨著會沖淡，可是不是絕對的。所以，平常的起心動念要多留意省察啊！

「此想成已，當觀胸裹，舉身是蟲，猶如蟲聚。復當更觀左腳大指，膖脹膿潰，青膿、黃膿、赤膿、黑膿、紅膿、綠膿、白膿，爛潰交橫，與屎尿雜。復有諸蟲遊戲其中，穢惡臭處，不可堪忍。厭患此身，不貪諸欲，不樂受生。」

其實我們這個身體不需要等死了，爛了，才惡臭難聞。大家每天都大便小便吧？說說看，是臭的還是香的？生病時，嘔吐過沒有？那個味道怎麼樣？不要說身體裡面的腸子、胃部，其實，整個身體上下都是臭的。你幾天不洗頭，你看它臭不臭；你再幾天不洗澡、不刷牙試試看，包你擠公共汽車時可以第一個上車，因為別人都被你熏得遠遠的。

即使我們每天梳洗得乾乾淨淨，告訴你，這個身子還是臭的。只不過我們「久而不聞其臭」，從生下來就開始聞這股人味，聞慣了。我當年從峨嵋山閉關下來，離城裡還有一里路的時候，嘀！一股人味就傳了過來，實在難受。所以你們看神怪小說裡，妖怪老遠就會聞到生人的味道，不要說妖怪，狗也有這個本事啊！

如果修這個觀法觀成了，也自然會聞到自己的臭味，而且其臭無比。再加上一大灘五顏六色的膿汁污血，滿身內外的蛆蟲。這可不是想像噉！硬是出現這種景象。你們說，受得了受不了？這種身子還留戀不留戀？連自己的身子都不想要了，那些好吃的，好穿的，還想不想？什麼名啊、利啊的還爭不爭？很自然的，「厭患此身」之外，同時也就「不貪諸欲，不樂受生。」人生沒什麼味道。啊！有味道，很不好的味道，所以再不想來了。

當然，你們也有人修其他禪密的路線，到了相當的程度，也會聞到自己的臭味，不過慢一點就是。有時候你們會聞到一股香味，對不對？很多人就以為香積菩薩來了。其實啊！那是你自己身上發出來的香味，連自己的味道都搞不清楚，哪裡能分辨眾香國裡菩薩香味。有時候是檀香味，氣到了脾胃，把它弄乾淨了，健全了，就會有檀香味。有時候是蘭花的香味，這是屬於腎臟所發出來的味道。有時候聞到清香味，那是肺、肝的味道。這些又是你們沒聽說過的東西。不要說你們了，連那位大醫生都聽傻了眼，這門學問裡東西多得很啊！

現在我們繼續看下面的原文。

夜叉的故事

「此想成時，見大夜叉身如大山，頭髮蓬亂如棘刺林。有六十眼猶如電光，有四十口，口有二牙皆悉上出，猶如火幢。舌似劍樹，吐至于膝。手捉鐵棒，棒似刀山，如欲打人。如是眾多，其數非一。見此事時，極大驚怖，身心皆動。」

這麼多恐怖的夜叉要來打你，要你的命，你不嚇瘋了才怪。但一定有很多人不服氣，心裡想，這有什麼好怕的，這些明明是幻象嘛！唉呀，少吹了，那是你坐在日光燈下，滿堂都是人，腦子裡想像著這麼一群夜叉，那當然不怕。

所以我常說，一般人修道都不算數的，坐在冷氣間裡，又是棉花墊子，又是毛巾蓋毯的；肚子餓了，打開冰箱就有吃的，下了座，看看報，喝喝茶；然後閉眉閉眼的說什麼不動心囉！對生死沒有恐怖囉！不要把話說得太早了。

十塊錢放在你眼前，你是會不動心；一百萬放在你眼前，你看你動不動心！其實豈止對一百萬動心，平常動心的地方多得是，只是人們沒有用心檢查。生死沒來的時候，說什麼不怕生死，現在讓你一個人去住到深山冷廟裡，四顧無人，半夜裡來了這麼一個青面獠牙，伸著舌頭，拿著鐵棒的厲鬼，你看你怕不怕，你嚇得跑得動的話，還算有膽子；就怕你到時候跑也跑不動了。這時候你不必作什麼不淨觀了，因為你早就嚇得屎滾尿流的，不淨觀自然現前了。（一笑）

有位同學平常膽子不算小，在幾次生死交關的時候，他都很鎮定，甚至於有一次他以為自己死了，也一點都不怕。可是他在定中，或者夢中碰到黑暗無邊的境界，或者身體在無底的虛空中往下飄浮，他就害怕了，當時他心裡很清楚，明明知道是幻境，同時告訴自己不要理它，任它變化。可是就是熬不過去，熬沒多久，還是把眼睛張開算了。所以要注意啊，有些人以為自己不怕死，好像蠻了不起了。唉呀，少自欺欺人了。還差得遠哪！

《心經》大家都念過吧，它說「三世諸佛依般若波羅蜜多故，心無罣礙，無罣礙故，無有恐怖，遠離顛倒夢想，究竟涅槃。」「心無罣礙」可不是「不怕死亡」。無罣礙了，才「無有恐怖」，這個和不怕死有很大的差別。

因為我們心裡都有很多罣礙，也就是還有很多結使，所以當這些夜叉們現身，「見此事時，極大驚怖，身心皆動。」這個時候，任憑你工夫再深，定力再高，都抵不了事，你還是會毛骨悚然的打顫。因為這一關牽涉到心理問題，要「無有恐怖」，就必須「心無罣礙」。

那麼，你說要無罣礙，就必須解脫結使，嘅！九十八結使，解脫起來太麻煩了，算了，這一觀不要觀他，換一種觀法。哈！如果你這樣說，聽起來，好像你蠻聰明的，其實笨得很哪！不管你走哪一種禪修的路子，這個境界都會來的。大家口口聲聲說學佛，學的什麼佛嘅！我們的佛祖——釋迦牟尼佛，他怎麼修道，怎麼證道，這個你們總知道的吧！好，他在菩提樹下打坐，睹明星而悟道之前，是不是也經歷了夜叉、羅剎這些恐怖的境界？這些道理怎麼不去參呢？一些自認為喜歡學禪的，要明心見性，要參話頭，參什麼「狗子有佛性也無？」真是笨伯！放著這麼好的話頭不曉得參，連問題都不會找，還學禪哩！那不是參禪，那真是慘然啊！

為什麼會有這些境相現前呢？「一切唯心造」。

「如此相貌，皆是前身毀犯禁戒諸惡根本。無我計我，無常計常，不淨計淨，放逸染著，貪受諸欲。於苦法中橫生樂想，於空法中起顛倒想，於不淨身起於淨想，邪命自活，不計無常。」

經上說，這是「前身毀犯禁戒」的本因。豈止前身，現在就是。看到別人比你強，心裡就老大的不高興，然後想盡辦法整人，一定要把別人弄垮，才洩心頭之憤。這種心理、這種嘴臉簡直比青面獠牙，吐著舌頭的夜叉還要恐怖，還要難看。就算你沒有整過人吧，平常發起脾氣來的時候，瞪著眼睛，眼露凶光，專盯著人家的不是，嘰哩呱啦的罵，這不就是「有六十眼，猶如電光，有四十口，口有二牙，皆悉上出，猶如火幢。」罵起人的時候，當然是語氣火爆，句句傷人，所以「舌似劍樹」，一肚子怨氣，恨不得把對方揍個半死，這就是「手捉鐵棒，棒似刀山，如欲打人。」

現在在座諸大菩薩，有時候打起坐來，瞎貓撞到死耗子，出了一下子陰神，看見自己在那兒打坐，那是看到自己的表現。當你們活見鬼——看到這種夜叉的時候，你要知道「魔由心造，妖從人興。」這就是你惡業所感，無始以來心理結使的（呈）現行（相）。這裡面也含攝了心物一元的道理。

在這本《禪祕要法》裡，他把心理結使作了另一種簡單的歸納——「無我計我，無常計常，不淨計淨。放逸染著，貪受諸欲，於苦法中橫生樂想，於定法中起顛倒想，於不淨身起於淨想，邪命自活不計無常。」

頭腦細密一點的話就可以看出來，上面這幾句話中綜合了「四法印」——「苦、空、無常、無我」，以及「四念處」——「念身不淨、念法無我、念心無常、念受是苦」的道理。

說到四法印、四念處，大家早就背得滾瓜爛熟了，可是有什麼用？一點都沒用到自己身上來。所謂學佛、修行，要把佛所說的道理，用自己的身心來實踐，來實證。

首先說到「無我」，有誰做到了「無我」？生理上的無我——忘身，牽涉到工夫，暫時不談。心理上的無我，大家做到了多少？哎呀！一天到晚都是「我」啊！我要這樣，我不要那樣；我愛你，你不愛我……大家好好反省看看，一天到晚就是以「我」為中心的活著，造業噘！說什麼修行，簡直是不行。

再來「無常」，不管多笨的人都知道，人終歸要死的，人生如夢，變化無常。可是多少聰明人都還是辛辛苦苦的鑽營，一會兒爭名，一會爭利，一會兒爭意氣。有人坐在那裡，肚子裡在說，我這個人啊，學佛以後就與世無爭了。這真是大話，譬如說，碰到逆境煩惱來時，好比你好心幫忙朋友成家立業，結果他後來恩將仇報，反過來忌害你，害你吃官司，差點坐牢。你懊惱不懊惱？當然懊惱。這怎麼還能說是與世無爭！只要心裡有「不平」就是「爭」。碰到這種逆境的時候，幾個修行人能一念無常或者一念無我的「一笑罷休閒處坐，任他著地自成灰」？做得到才是修行人，做不到的免談！啊！我說得太過分了。放鬆一點，改個字，隨時改過的，才算得上是修行人。你們要注意嘛！我說把尺碼放鬆，就等於拿條軟棒子在打人。在這個放寬尺碼的反面，也就是說，假如連隨時改過做不到，更不要說其他了。

下面幾點「不淨計淨」等等，都差不多，自己好好去檢查，通身是病，趕快努力啊！「是日已過，命亦隨減。如少水魚，斯有何樂。當勤精進，如救頭然。」這是《禪門日誦》上的，再提起大家的注意。

應觀自心鬼畫符

看到了這麼多恐怖，要打人的夜叉，怎麼辦呢？釋迦牟尼佛說：

「此想成時，復當更教，汝莫驚怖，如此夜叉是汝惡心猛毒境界，從六大起，六大所成。」

如前面所說，這些可怕的夜叉只是我們身心罪業的反影。再進一步分析，是從「六大」而有。講到這裡，使我們想起《楞嚴經》上也有類似的記載。

後世許多人瞧不起這個白骨觀，認為它是小乘的修法。那麼《楞嚴經》總是部大經囉！古人說過「自從一讀楞嚴後，不看人間糟粕書。」我們看，佛在《楞嚴經》上對阿難說：「一切眾生從無始來，種種顛倒，業種自然，如惡叉聚。」大家都號稱學佛的，《楞嚴經》應該看過的吧。

什麼是「六大」？釋迦牟尼佛繼續開示：

「汝今應當諦觀六大，此六大者：地、水、火、風、識、空。」地、水、火、風、空這五大是屬於生理部分。譬如骨骼是地大，血液是水大，熱能是火大，呼吸是風大，空間就是空大。至於「識大」，是屬於心理部分，指心識而言。用現代話來說，我們人是由心理、生理兩大部分組合而成；用佛學專有名辭說，就是六大和合而成。

好，下面緊接著，禪機又來了。喜歡禪宗的朋友們注意了。

尋尋覓覓

「如此一一，汝當諦推，汝身為是地耶？為是水耶？為是火耶？為是風耶？為是識耶？為是空耶？如是一一諦觀此身，從何大起？從何大散？」

你們看這是不是禪宗的話頭——「我是誰？」「生從何處來，死向何處去？」找來找去，結果是「本來一片閒田地，過去過來問主公，幾度買來還自賣，可憐疎竹引清風。」這首詩懂不懂？不懂。不懂算了，講清楚就沒得禪味了。（一笑）讓我們看看《禪祕要法》上怎麼說。

「六大無主，身亦無我。汝今云何畏於夜叉？如汝心想，來無所從，去無所至，想見夜叉亦復如是。」

當然，只要有點常識的人就知道，我們的生理部分，是瞬息萬變的。不要說明年的我已經不是今年的我，又老了一年——莊子說得好，「方生方死，方死方生。」從生理方面講，我們的細胞是每分每秒不斷的在新陳代謝。所以嚴格說來，下一秒的我已經不是前一秒的我。再說心理部分吧，變化起伏就更明顯了。女朋友不理你了，哎呀！人生乏味啊！苦啊！過幾天女朋友和你講話了，嘟！人生充滿了希望！這是舉明顯的情緒變化來說，至於我們滿腦子的游絲妄想，那更是來無踪去無影的變化萬千了。因此說「六大無主，身亦無我。」在這裡面找不出一個永恆不變的實體。

那麼，我們第八阿賴耶識所顯現的夜叉不也是如此？我們又何必害怕呢？它們也終歸要變去的。

在這一段裡，銜接得快了些。因為很多人都知道「六大無主」，也知道「身亦無我」，但是看到夜叉還是會害怕。所以我們再引用一段《心經》，來作個補充說明。

一般學佛的人都認為《心經》是談空的，告訴你們，錯了。《心經》一開始就是「觀自在菩薩行深般若波羅蜜多時」，以「行深般若波羅蜜多」開端——這不是空。接著「照見五蘊皆空，度一切苦厄」之後，談了一路的空，又說了一連串的無，說什麼「無眼耳鼻舌身意，無……」，然後「以無所得故，菩提薩埵。」「無」到最後，「菩提薩埵」，大徹大悟——這也不是空。

然後才「依般若波羅蜜多故，心無罣礙，無罣礙故，無有恐怖」，「無有恐怖」之後，「遠離顛倒夢想，究竟涅槃。」——也不是空。

所以光是「六大無主，身亦無我」，還只見到了空性的一面，還不夠，必須再轉個身，所謂「懸崖撒手，自肯承當」，透過「無」，在「空」

相外，為自己找個安身立命之處，然後才好歸家穩坐。

因此釋迦牟尼佛接著說：

「但安意坐。設使夜叉來打汝者，歡喜忍受，諦觀無我，無我法中，無驚怖想。」

說了半天，這個快速成就的修持捷徑——白骨觀，可也不簡單啊！所以，好好用功，千萬不要再敷衍了啊！

「但當正心結跏趺坐，諦觀不淨及與夜叉。作一成已，復當作二。如是漸漸乃至無量，一一諦觀皆令分明。」

這「第五薄皮觀」到這裡介紹完了，釋迦牟尼佛一本慣例，又再殷殷叮囑：

「佛告阿難，汝好受持，觀薄皮不淨法，慎莫忘失。爾時阿難聞佛所說，歡喜奉行。此想成時，名第五觀薄皮竟。」

又有人問白骨觀如何觀起，這是重覆又重覆的問題。首先要知道，所謂「觀想」，是包含了「觀」和「想」兩種不同的概念。先「想」，想專一後，自然就「觀」出來。

就五陰來說：是先利用「色、受、想、行、識」中第三個「想」陰的功能，想純熟了，在第六「識」的帶質境中呈現出「觀」的境界。功力再深，融通於第八「識」之大圓鏡智，則就不觀而觀，觀而不觀了。

就五偏行來看：先藉「作意、觸、受、想、思」中的「作意」和「想」，想念專一，達到「心一境性」時，即達「精思入神」的境界，則「觀」境現前。意根中的概念，就呈現出影像。

《瑜伽師地論》中曾經對觀想和修持方法作了兩種歸納：一為「有分別影像」，一為「無分別影像」。譬如密宗的各種觀想，以及白骨觀的修法，都是先藉意識的「有分別影像」起修，也就是先經過「作意」和「想」的專一修持，等到「觀」想境界現前時，就是「無分別影像」的境界了。

現在以「白骨觀」作例子，我們先想像自己大腳指的白骨，或者把自己想成一整副白骨架子。輕輕鬆鬆的想，不要太用心的想把它看出來，不是用眼睛盯著看，而是經過心理的「作意」，「想」像這個白骨的樣子。在思想的意境上有了這個模糊的影像後，就讓它持續在那裡。這當中，還是有許多雜念妄想不斷的來來去去。沒有關係，不要管它，你只要心理上記著，要一直「想」這個白骨，讓這模糊的影像持續下去，也就是把白骨「止」住。慢慢的，雜念越來越少。到後來只剩下白骨一念，其它妄想不起了。這時候，突然之間，白骨的影像就會顯現，也就是達到了「止觀」的境界。

初步止觀效果，白骨可能在身子外面。此時只須稍加「作意」，讓白骨回轉到自己身上來，很快，「白骨觀」就現前了。

第六　厚皮蟲聚觀

世尊介紹了「第五觀薄皮」之後，又再解說第六種觀法。

一、專心繫念在右腳的大指，把它想成腫脹的樣子。從頭到腳都瘀青腫脹、醜陋難堪。

二、身子裡長了許多米粒大小的白色蛆蟲，每隻蟲有四個頭，爬來爬去，互相追逐，咬食對方。肌肉乃至骨髓裡，都長滿了蟲，所有五臟六腑都被這些蟲吃光了。

三、身體只剩下骨頭和外面的一層皮。蛆蟲把肉吃光了，又蠕動著想爬出皮層。兩眼此時又乾又癢，因為這一部分蛆蟲也想往外鑽。身上的九竅（包括了兩眼）都是這種狀況。

【作其他修持工夫的，氣脈變化到了這一步，眼睛也會乾澀發癢，甚至會流眼淚。任他變化，對視力及眼機能均有助益。不論老花眼、近視眼或者散光，均可不藥而癒。】

四、無以計數的蛆蟲穿過皮膚，落到身前的地上，聚成一大堆，互相纏繞咀食。

【一般凡夫的生理感受，以及靜坐修行者所謂的氣脈覺受，都和我們的肌肉細胞、神經系統息息相關。前面第二點提到的骨髓，屬於中樞神經系統；五臟六腑則屬於自律神經系統。此為人體的兩大神經系統。一旦全身肌肉、骨髓乃至五臟六腑等器官都被蛆蟲吃光後，感受自然無從生起。

道家、密宗講究修氣、修脈以轉化色身，冀能「即身成就」。其實，不論三脈四輪的運轉，或者大周天、小周天，乃至九轉還丹等氣脈工夫，都是憑藉色身起修，也都未能脫離神經系統的覺受範圍。如今，作此觀想工夫，色身上下都讓蟲子吃光，主管感受作用的神經系統也不復存在，則不必觀空，不必求空，自然達於「受即是空」的境界，五蘊中的受陰也自然解脫。

至此地步，則如老子所說「吾所以有大患者，為吾有身。及吾無身，吾有何患。」其他四陰——色、想、行、識也就隨之而轉。

不論白骨觀，或者不淨觀，都是依此原則，超脫氣脈覺受，而直達修氣修脈之終極目標——「忘身」。此可謂「心能轉物」之高超妙用。】

五、把觀想念頭放在一隻蟲子上，讓它把所有蟲子都吃掉，最後只剩下它一隻，變成像狗那麼大，身體困頓，鼻曲如角，來到座前齅氣，同時瞪著好像燒鐵丸的兩隻紅眼。

觀想到此，內心生起很大的恐懼。於是反躬自問，這個身體為什麼生了一大堆蛆蟲，同時互相咀食。現在剩下這最後一隻，窮凶極惡的樣子，實在恐怖。

【如前所說，這些蛆蟲和夜叉一樣，為前身毀犯禁戒的諸惡根本，也是心理結使顯現化「物」的一面。

各種各樣的心理結使雖然同屬心行的陰暗罪惡面，但未必協調一致。譬如「爭名奪利」的貪欲和「好逸惡勞」的怠惰，就往往相互衝突、矛盾。所謂「雞鳴而起，孳孳為利」，要想爭名，要想奪利，往往也需付出相當的努力和代價。因此，心理結使之間常有衝突爭鬪的現象。這種微妙狀況表現在蛆蟲身上，就互相噉食了。】

繼續觀想身上出來的這些蟲子，「本無今有，已有還無。如此不淨從心想生，來無所從，去無所至。」既不是我所本有，也不是另有他力加諸於我。

【從前面的「色陰」、「受陰」講到這裡的「想陰」，所有心理結使也是「來無所從，去無所至」，因緣和合而有，沒有一個固定不變的實體。要解脱這步心理問題時，不再靠任何影像的觀想了，直接拔出慧劍，以般若

慧觀，照見「想蘊為空」。】

同理，「如此身者，六大和合，因緣成之。」六大一旦壞散，身體也就隨著無常而去。前面觀想出的那些蛆蟲，也是「來無所從，去無所至」，我們這個身子是蛆蟲組合而成，又哪裡有個實體，所以「蟲亦無主，我亦無我」。

如此「思惟」後，蛆蟲漸漸縮小，而歸於空寂。

【禪宗之「禪」為梵文譯音，若譯義則為「思惟修」。此處文字用「思惟」，有別於前之「觀」「想」。此用語之不同，大需參究，莫草草略過。】

修為至此光景，身心和悅，恬然安樂，倍勝於前。

以上所說，就是第六「厚皮蟲聚觀」。

第七　極赤淤泥濁水洗皮雜想觀

世尊復對阿難說：再當「住意繫念一處」。從右腳大拇指開始諦觀，一節一節從足到頭，內照形軀，仔細清楚分明。但當使全身皮肉都自脫落，五臟六腑，也都解脫委地，化為烏有。唯有筋骨相連，赤色殘膜著骨，猶如爛泥，或如濁水塗糊全身骨架。跟著觀想一泓濁水，用來洗滌全身骨架殘膜，從頭到足，猶如藥師，以藥水洗滌一般。

當自身作此觀想成就，同時擴而充之，分心觀想現前地上另一人身，是赤色殘膜所裹骨架，再由一人到十人。由十人到滿屋，遍極整個虛空上下，乃至三千大千世界，都是如此赤色殘膜骨人，或如爛泥，或如濁水，但都用濁水洗滌赤膜所裹骨身。

「佛告阿難，汝今諦觀此赤色相，慎莫忘失。」這便是第七極赤淤泥濁水洗皮雜想觀法。

【問：修不淨觀想法時，已曾剖析人體內部五臟六腑諸多不淨，已經

生起厭離心了，何以到此又反復觀想皮肉腑臟脫落之後，再觀極赤殘膜的不淨，外用濁水洗皮呢？修此觀法又有何用？是否必須要修？

答：人體的構造，大致來說，皮、肉、筋、膜、骨，各各有不同的組織，也各自成一系統。上面所說不淨觀，只是指五臟、六腑等血肉模糊的粗相。現在所講極赤淤泥濁水觀，是專指附在骨架上面極赤殘膜的一層。與人身血分有密切的關係。觀想濁水洗滌赤血殘膜，能化朽腐為神奇，如污泥中方生清淨妙蓮。此乃佛說祕法中的深密。修此觀法，可袪血分諸病，且是轉修成就報身的根基。如要踏實修行，循序漸進，不可略過。】

第八　新死想觀

由第七極赤淤泥濁水洗皮雜想觀起，再進一層深入修白骨觀，不淨觀。而由第十一白骨流光觀，進入觀四大與九十八結使境界，便是解脫成就法門的根基。須特別注意學習。

世尊又說：「復當更教繫心住意，觀左腳大指，從足至頭，如新死人。其色（先由）萎黃。當觀己身，亦復如是。見萎黃已，當令黃色變成青赤。」

自身修此如新死的觀想成就，便見現前有一新死人，其色黃赤。如此漸漸由一而多，觀見遍三千大千世界，新死人充滿其間。此一觀想成就，心意自然淡泊無諍，貪欲等念，漸漸轉薄。

「佛告阿難，汝好諦觀是新死想，慎莫忘失。」這便是第八新死想觀法。

第九　具身骨想觀

到此，「繫念（念身）住意（內照形軀）」，「使心不散」，開始諦觀左腳大拇指，漸漸觀想上到頭部，照見自身每個骨節，一一分明，節節自相支拄，連接支持而無破綻，毛髮爪齒，都是具足完整，晶瑩白淨，皎如白雪。仔細反觀內照，得見自身，白骨淨相之後，再度反覆循環，仔細觀照，愈使潔白淨化無瑕。

然後觀想自身以外的他身，由一到十。擴而充之，觀見一室以及百千萬幢室內，乃至三千大千世界中，都是毛髮爪齒具足完整的白骨人。「白如珂雪」，晶瑩白淨。

修得此一觀想成就的時候，心意自然恬靜安詳，歡喜無比。

「佛告阿難，汝好（自）諦觀具身骨想，慎莫忘失。」這便是第九具身骨想觀法。

第十　節節解脫觀

再次進修，「繫心（專注禪悅的喜心）住意」，開始諦觀右足大拇指兩骨節間，作意而不散亂，「令心專住」，先觀右足大拇指兩骨節，相離脫節，只有骨節的末端處互相支拄連接而已。

照此觀想成就之後，再從足指起，一節一節漸漸上升到達頭部，共有三百六十三骨節，都是節節解脫中空，只有骨節末端互相支拄相連。一節一節仔細諦觀，都使各各自行解脫。如果有一環節仍舊連結並未解脫，必然「安心諦觀」，使其各自解脫。

得到自身骨節解脫觀想成就，再觀他人之身，也是如此。然後擴大心量，觀無量數的白骨人，也是各各節節脫開，只有每節末端互相支拄連接。再進而外觀四方上下，大眾骨人，都是如此節節支解。

修此觀想成就的時候，自然而然，見到諸白骨人之外的虛空，「猶如大海，恬靜澄清。其心明利，見種種雜色光，圍繞四邊。」

「見此事已，心意自然安隱快樂。身心清淨，無憂喜想。佛告阿難，汝好（自）諦觀此節節解想，慎莫忘失。」這便是第十節節解脫觀法。

第十一　白骨流光觀

再次進修，更當「繫念（念身）住意」。開始諦觀右腳大拇指兩節之間，拉長距離如三指（三個指頭併攏，橫量，古稱一寸三分）許。觀想這三指許骨節距離之間，光光互相啣接支拄，連成一體。

如在白天禪修此觀想法時，應當作如日光（太陽光）的光明觀想。如在夜間禪修之時，應當作如月光（月亮光）的光明觀想。

但須切記，全身骨節從腳到頭，三百六十三的骨節間，都使其有三指許的間隔距離。都由光光凝結連接，「莫令解散」。只因白光連接支拄，「不令散落。晝日坐時，以日光持。若夜坐時，以月光持。觀諸節間，皆令有白光（透）出。」

修此觀想成就時，「當自然於日光中，見一丈六（金色）佛（像），圓光一尋。左右上下，光明亦各一尋。軀體金色，舉身光明，燄赤端嚴。三十二相，八十種好，皆悉炳然。一一相好，光明得見，如佛在世，等無有異。」

但當此觀見佛身的境界現前時，「慎莫作（頂）禮。」一有迷誤，便著邪見。須要切實仔細諦觀，參究佛所說法。

「佛說諸法無來無去，一切性相，皆亦空寂。諸佛如來，是解脫身。解脫身者，則是真如。真如法中，無見無得。作此想時，自然當見一切諸佛。以見佛故，心意泰然，恬（靜淡）怕（而）快樂。」

「佛告阿難，汝今諦觀是流光白骨，慎莫忘失。」這便是第十一白骨流光觀法。不但是念身念佛的摻合修法，亦是修色身成就的基本修法，慎自敬重，好自修持為幸。

第十二　四大觀與九十八結使境界觀

世尊對阿難說：得達白骨流光的觀想成就之後，當更教住意諦觀背脊骨。以定心的功力，觀想背脊骨間作成一具高臺，同時觀想自己的色身，猶如白玉人，結跏趺坐，昇坐在高臺之上，以白光普照一切世間。「作此觀時，極使分明。坐此臺已，如神通人住須彌山頂，觀見四方，無有障閡，（同時）自見故身（觀見自己原有的肉身）了了分明。（又）見諸骨人，白如珂雪，行行相向，身體完具，無一缺落，滿於三千大千世界。」這就是白光觀想成就的境界。

觀想成就這一境界之後，再來反復重觀前面所曾經觀想過的各種境界：見縱（直）骨人、橫骨人，遍滿三千大千世界。

青色的骨人，黑色的骨人，都行行相向，遍滿三千大千世界。

膨脹的、膿癩的，膿血塗身的，全身爛壞、屍蟲遍體的不淨相人，亦遍滿三千大千世界。

薄皮蓋身相人，皮骨分離相人，赤如血色相人，濁水色相人，淤泥色相人，亦遍滿三千大千世界。

再見髮、毛、爪、齒，共相連持白骨相人。以及三百六十三骨節各各解脫，只有尖端相拄的白骨相人。

骨節之間脫離，兩頭不接，節節中間，間隔三指許（橫量），充滿白光的白骨相人，以及白骨分散，只有白光共相連接的白骨相人，亦滿三千大千世界。

如此眾多不可盡說的各種不淨間雜的白骨相人，遍滿三千大千世界。

【經說：人我色身，四大皆空，這是不易的聖教量。因此又說：我人在生死輪迴中，生生世世，捨身受身，積骨之多，過於須彌山。聚血之多，過於四大海水。在理上，是學佛者人人都知的名言，但在行相求證的事實上，誰能親見真證此境。故必須經以上各層次的白骨觀、不淨觀修成之後，再以定心堅固的心力，做此實際觀想，一一親證過來，方見此理此事的真實相。

但此一觀想修法，必須在白骨流光成就以後，從夾脊骨節節觀化上昇，作一高臺。然後再觀想自我成一白玉骨人，結跏趺坐，坐此高臺之頂，光照大千，遍觀世間羣相，方為確實。倘如有一念之間，即能直接觀想成就，包括前面各層次的白骨、不淨等境界，應為過量的再來人，亦非絕無可能者。但切勿自慢，妄作躐等工夫。

此一觀想，與一般宗教以及道教的默朝上帝，或道家陰神出竅修法，是否相同？卻須仔細分別。默朝上帝，是依仗他力的修法。陰神出竅，是冥想成就的獨影境界。都和此觀相似類同。其實，大有不同之處，應當明辨清楚。

真正實修佛法的基礎，必須腳踏實地，由凡夫人道起修，進而修持聲聞，緣覺，而到大乘菩薩道。如此，才是穩當修行的法門。所以佛教弟子，修此觀想成就時，必須轉而觀心，細參五蘊空相的境界，方能解脫結使，證入道果。】

世尊說：「得此觀時，當起想念，我此身者，從四大起，枝葉種子，乃至如是不淨之甚，極可患厭。

如此境界，從我心起。心想則成，不想不見。當知此想，是假觀見，從虛妄見，屬諸因緣，我今當觀諸法因緣。

云何名諸法因緣？諸法因緣者，從四大起。四大者，地水火風。」

以下便轉入四大觀。

風大觀：作此觀時，先觀風大從四方生起，一股一股的風力，猶如巨蟒，暴漲延伸。大風如大蛇，小風如小蛇。各股如巨蟒，或大小蛇形的風大，各有四個頭，兩頭向上，兩頭向下。在這許多巨蟒，大小蛇形的風大中，所有蛇蟒形的耳孔中，都發出風力。

火大觀：由風大觀想的成就，再由風大而轉觀為火力，一股一股大小蟒形的猛毒風蛇，源源不斷的吐出許多高峻的火山，極可怖畏。同時有許多夜叉惡鬼，在火山中，動身吸火，毛孔出風。風助火勢，火動風狂。

如此這樣的再觀風火變相，遍滿一室，漸漸擴充，遍滿這個閻浮提的現實世界（註五）。

同時見諸夜叉，在火山中，吸火擔山，毛孔出風，在這現實世界的閻浮提中，周遍奔跑，好像要步步逼近修行者的身邊。正當此時，自心必起極大驚怖，切勿自失定力。

觀想到此境界，就必須易觀（換一觀想法門）。此時對治的易觀法門，應當轉捨前面的風火觀想境界，再來觀想各各火端，都有一位丈六金身的佛像。觀想佛像出現之後，火大威力，漸漸歇息，變成火中生出蓮花。於是各各火山凝聚，猶如真金內斂所成的內外光明透徹的金山。那些夜叉惡鬼，也一一變成白玉人相。只有風大盤旋迴轉，吹拂朵朵蓮花。有無數化佛，住立空中，放大光明，莊嚴穩重，矗立不動，猶如金剛王山。到此境界，一切的風輪火焰，都自寂靜不動。

然後，須轉修水大觀。

水大觀：復再觀想四大毒蛇，口中吐水，其水五色，遍滿一床面積，漸次擴及二床、三床乃至遍滿一室。滿一室已，漸至遍滿十室的總面積（至於床座及房室面積大小，隨心量而定）。然後觀見水光五色繽紛，但各色水中，都有琉璃幢形的矗立白光，重疊十四層，節節中空，白光涌出，停住空中。

「是時毒龍從臍而出，漸漸上向，入於眼中，從眼而出，住於頂上。爾時諸水中，有一大樹，枝葉四布，徧覆一切。如此毒龍，不離己身，吐舌樹上。是龍舌上，有八百鬼。或有鬼神，頭上戴山，兩手如蛇，兩腳似狗。復有鬼神，頭似龍頭，舉身毛孔，有百千眼，眼中火出，齒如刀山，宛轉在地。復有諸鬼，一一鬼形，有九十九頭，各有九十九手。其頭形狀，極為醜惡，似狗野干（註六），似狸似貓，似狐似鼠。是諸鬼頭，各負獼猴。是諸惡鬼，遊戲水中，或有上樹，騰躍越擲。

有夜叉鬼，頭上火起。是諸獼猴，以水滅火，不能制止，遂使增長。如是猛火，從其水中頗梨幢邊，忽然熾盛，燒頗梨幢如融真金，燄燄相次，繞身十帀，住行者上，如真金蓋。有諸羅網，彌覆樹上，此真金蓋，足滿三重。

爾時地下，忽然復有四大惡鬼，有百千耳，耳出水火。身毛孔中，雨諸微塵。口中吐風，充滿世界，有八萬四千諸羅剎鬼，雙牙上出，高一由旬。身毛孔中，霹靂火起。如是眾多，走戲水中。復有虎狼、師子、豺、豹、鳥獸，從火山出，遊戲水中。

見是事時，一一骨人，滿娑婆界，各舉右手，時諸羅剎，手執鐵叉，擎諸骨人，積聚一處。爾時，復有九色（註七）骨人，行行相次，來至行者所。如是眾多百千境界，不可具說。

佛告阿難，此想成時，名四大觀，汝好受持，慎勿忘失。爾時阿難，聞佛所說，歡喜奉行。此想成時，名第十二地大觀、火大觀、風大觀、水大觀。亦名九十八使（註八）境界。」

【佛說五蘊皆空，並非一句名相虛言，必須實修實證得到，方為佛法究竟。五蘊的色蘊粗相，即是地、水、火、風四大所造。能造者心，所造色境。想念堅固，作成所造的四大色相。欲求解脫，非從心造心滅處一一修證過來不可。

初觀風大如巨蟒大蛇，各有四頭，兩上兩下，即是色身中風大的各種氣化現象。色身中的氣化，約計有上行、中行、下行、左行、右行等氣。輕清者親上，重濁者凝下，一有阻滯，便積滯成勞，化為物質，質礙成病，不可救藥而輪迴生死海中。故須以智觀觀想其遊行變化的劣根惡習，漸漸調柔，致於靜態淨化，方可轉物歸心而達心能轉物。由此觀法演變，世間便有各家各種修氣的差別工夫出現，亦各是得其一偏之長，但有利於人，而未必有利於道業的成就，此須知。

其次，風火變相，出現夜叉形的惡鬼，「吸火擔山」種種形相，即是自識心中過去業力種性的反映。我人色身，因煖、壽、識三位同功，才呈現有生命的活力。煖即火性，因風力的摩盪而發生火功。這種生命的煖力，能使我人生活的更活躍。但也如夜叉惡鬼一樣，在生存的過程中，更增惡業惡果。所謂「吸火擔山」，即我人因風大的呼吸而增加體溫，便形容它是吸火。因此而使此粗重的骨肉之身存在，便形容它是擔山。觀想到此境界，心生恐怖，並非外力，亦是自心嚇自心而已。此須知。

再次，便是水大觀中的毒龍、毒蛇，以及許多鬼怪鳥獸等等，便是對紅白血球，以及好細胞與壞細胞的種種形容。至於獼猴，則是意識的虛幻變相，此須知。

至於白骨　即是地大變相

以上種種境界，因心力的觀想成就，自空起有，因緣所生。但能一一親證過來，同時可知自心結使的可畏。念念遷善，即成靜相淨相；念念習惡，即如禽獸鬼怪夜叉；念念菩提，鬼怪夜叉禽獸等等皆成護法大神；念念惡染，即盡為魔羅。密宗各種修觀法像，大多融會毒龍毒蛇猛獸惡鳥以及諸多夜叉、羅刹與屍身白骨骷髏，遍佈周圍，即由以上此等說法，擴展演變而來。了此祕密，便可知顯密通途不二的真諦。此須知。

若能合參佛說《楞嚴經》，指示四大體性，如：性色真空，性空真色。性風真空，性空真風。性火真空，性空真火。性水真空，性空真水。清淨本然，周徧法界。隨眾生心，應所知量，循業發現。世間無知，惑為因緣，及自然性，皆是識心分別計度。但有言說，都無實義。則可由此禪觀修法，直接轉入大乘菩提道次，望諸學者，好自為之。】

第十三　四大第二觀　結使根本觀

第十二、四大觀與九十八結使境界的觀想成就之後，再須繫心一緣，住念守意觀想腰中間部位處的背脊骨。先要觀背脊間的白骨，白如珂雪，然後諦觀全身骨節，節節尖端相拄，更加明淨，白如玻璃。每一大小節骨，以及支節，也都明淨猶如玻璃。但在所有骨節的拄接空隙之間，地、水、火、風變化的各種境界，顯現無遺，與第十二觀的大而無外剛好相反，變成小而無內的境界。

這一觀想成就以後，自見座處地下，漸漸豁開，由小而大，由一方丈乃至十百方丈，直到下方洞穿而無障礙，觀見下方虛空之中，自有各種風起。原先在第十二觀四大觀境中的夜叉等，都在此骨節空隙的境界中，吸入下方所起的各種風大。這些夜叉吸進風大以後，自身所有毛孔中，各出現鳩槃茶，而且從每一鳩槃茶口中，吐出火山，充滿大千世界。

在這些火山之中，忽然又生起無量無數的美妙少女，或者打鼓，或者吹簫，玩弄各種樂器，載歌載舞，自然湧向座前。同時，又有許多羅剎（註九）出現，互相爭奪，吞食這些美妙少女。

但有這種境相出現時，初修禪觀的人，可能生起極大驚怖，不能保持定力而不驚、不怖、不畏；或者立即倉皇出定，因此而常患心痛，而且頭頂骨有疼痛欲裂之感。

對治之法，首先須知這些境相，只是修習過程中四大業力變化的幻相，並非真實。必須重新攝心入定，回復前修所觀的四大變化境界，然後憑此四大本身定力，便可自見身體猶如玉人，淨白無瑕，每一支節間，同時向上起火，向下流水，耳中出風，眼中雨石。

到此境界，又見座前地上，有十大蚖蛇，長大五百由旬（註十），有一千二百隻足，猶如毒龍的爪。身上冒出水火，宛轉盤伏在地。

見此境界，了知都是自己宿世毒害心之所感，但當至心懺悔先世罪業，不怖不畏。出定以後，必須緘默，不得與人多言。只在寂靜之處，一心繫念，除二時粥飯之外，皆須至誠懺悔。而在此時，應當審察醫藥，稍加進補，如服酥酪及適當藥物。然後自再易觀，另換修法。

佛告阿難，此觀名第十三結使根本觀，亦名第二四大觀。好自受持，慎勿忘失。

所謂易觀另換修法，須自審慎仔細諦觀理所當然的反應現象。如在觀想境中，觀見火大發動時，應當生起雪山之想。倘使周遭雪山的冰雪，亦都為大火所融化。火大力量猛利熾盛，身體蒸熱無比，便須觀想空中出現天龍，紛紛雨石以掩猛火。落下的石，同時皆粉碎為塵。龍復吐風，聚攏所有微塵，堆積成山。有無量數的樹木及荊棘叢刺，皆在山上自然生長成林，鬱茂青蒼，綠陰普覆。同時有流泉白水，映成五色祥光，卻在所有豐林茂草之間流出，滙聚山頂之水，猶如疊雪積冰，凝然不動。如此觀想成就，即名為第十四易觀法。

「佛告阿難，若有比丘、比丘尼、優婆塞、優婆夷、三昧正受者，汝當教是易觀法，慎勿忘失。此四大觀，若有得者，佛聽服食酥肉等藥。其食肉時，洗令無味，當如飢世食子肉想。我今此身，若不食肉，發狂而死，是故佛於舍衛國敕諸比丘，為修禪故，得食三種清淨之肉（註十一）。爾時阿難，聞佛所說，歡喜奉行。」

【問：從第十二、四大觀，到此第十三、四大第二觀，及易觀修法，有些問題未能詳細，煩請師解：

一、修第十二觀時，要諦觀背脊骨，以定心力，觀想成就高臺。所謂背脊骨，究竟指哪個部位？

答：舊稱人身背脊骨節，吻合一年二十四氣節。即從下至上，由薦骨（五小塊合而為一）以上開始，腰骨五節，胸骨十二節，頸骨七節，共為二十四節。第十二、四大觀所謂背脊骨，是從胸骨中間第五節開始向上。約當夾脊部分。第十三、四大觀，是由胸骨第六節開始向下。

二、毒龍何以從臍出來？

答：臍是人體生成的根蒂之處。人在母胎中，呼吸養分，皆由臍帶輸入自身。一出娘胎，剪斷臍帶而有後天呼吸。毒龍從臍出，即是業識的幻變轉相所現。

三、第十三、四大觀中，收攝第十二觀四大變化的各種境界，都在節節骨節空隙之間，是何意思？

答：即四大精力在人體關節間滙聚的主要關鍵。

四、從下方虛空起風輪，是否有特別意義？

答：有。十方虛空，本自周圓，並無方位，方位是人為而定的。虛空之中，充滿風輪。世界緣起，先有風輪。中國道家所說太虛空中，萬氣根本，亦即此意。在地球世界的物理作用，與人體的生命作用，風輪元氣的變化，都是由下而昇，由內而外，方能變化而昇華。其間有密意，盡在不言中。

五、何以一遇夜叉，鳩槃荼、羅剎、蚖蛇等境出現，必須至心懺悔？

答：此皆自我身心，無始以來的三毒——貪、瞋、癡等業報所化現，唯至誠懺悔，祈求佛力加庇，得自他不二之力，可使加行成就。

六、服用何種藥補，最為適宜？

答：世無神藥，除非宿世自具特別福緣。經上所說酥酪等品，只是印度古代調藥主要用物，即如各種乳類營養品。修持人須要藥物補助加行，必須要通菩薩五明的「醫方明」。龍樹菩薩法系，尤其注重醫藥。內藥、外藥，即是東方瑠璃世界藥師佛長壽修法的大乘道行之一。

七、第十四易觀法中，顛倒四大，又准許肉食，其理不明？

答：第十四易觀法的開始，顛倒水火觀想，契於易卦的「水火既濟」的道理，思之自明。准許肉食，只准食三淨肉，並非許可但圖利己，或貪圖口腹之欲而恣殺生命。此處不可假借以藉口，應當嚴守別解脱戒。但觀行工夫，到了必須好飲食以資助時，如通達醫方明者，亦不必一定需要肉食了，因肉食原本是療飢之藥而已。

又：第十四易觀法中，亦即是五陰會聚的粗相觀，此亦當知。】

第十四　見五陰粗相觀

（亦名修身念處初觀成就。修證頂法。修證阿那含果位觀法。）

世尊重告阿難說：由於修得前面所授易觀「水火互濟」境界，復當更教住意繫念，諦觀背脊骨（與胸骨第八九兩節相對之脊骨），使其白淨，過前數倍。因骨節的明淨，使觀想之力，增益盛勝，便可得見一切穢惡等事。

作此一觀想成就之時，當觀自身成為一具骨人，節節之中，都白淨明亮，猶如玻璃明鏡。照見閻浮提中一切骨人，及四大觀所有境界，都可在一骨節中顯現無遺。

得見此一境界之後，繼續觀想如次：

觀見許多白色骨人，一排一排的行列，數如微塵，不可勝算，從東方而來，面向自身。由此增廣，充滿東方娑婆世界的許多白骨人，皆是行行排列，來向自身。接著，南、西、北方，四維上下，也是如此。

由東方開始，復有青色骨人，也同白色骨人一樣，無量無數，來向自身。又有淤泥色骨人、濁水色骨人、紅色骨人、膿血塗身骨人、黃色骨人、綠色骨人、紫色骨人等等，都是行行排列，來向自身。

復有那利瘡色（註十二）骨人，於諸骨節之間，流出十六色（註十三）諸惡雜膿，也行行排列，面向自身而來。

觀想到此境界，可能生起驚怖之念，又見許多夜叉，欲來噉食自己。

同時，又復觀見這許許多多各色骨人，從骨節間，節節火起，火燄相次連接，徧滿娑婆世界。

復見骨人頂上涌出諸水如玻璃幢。

復見骨人頭上一切眾火，化為石山。

正當此時，便見諸龍耳中出諸風力，吹動這些骨人所發的火燄，燒動諸山。而這些變動中的火山，旋轉住於空中，猶如輪盤。

得見這種境界之時，必大驚怖。因一動驚怖之念，便自見有一億鬼擔山而來，口吐火燄，形狀各異，來到面前。

轉入正思惟修的另一層境界

「佛告阿難，若有比丘，正念安住，修不放逸，見此事時，當教（深入經教，參究）諸法空無我觀。（即使在）出定之時，亦當勸進（精研教理），令至智者（善知識）所，（請）問甚深（般若）空義。

聞空義已，應當自觀我身者，依因父母不淨和合，筋纏血塗，三十六物（註十四），汙露不淨（之所組合），屬諸業緣，從無明起。今觀此身，無一可愛，如朽敗物。

作是思惟時，諸骨人皆來逼己，當伸右手，以（中）指彈諸骨人而作是念：如此骨人從虛妄想，強分別現。我身亦爾，從四大生，六入（註十五）村落，所共居止。何況諸骨從虛妄出。

作是念時，諸白骨人，碎散如塵，積聚在地，如白雪山。（其他）眾多雜色骨人，有一大虵，忽然吞食。

九十八結使的影事重現

於白雪山上，有一白玉人，身體端嚴，高三十六由旬，頸赤如火，眼有白光。時諸白水，并頗梨幢，悉皆自然入白玉人頂。龍、鬼、蛇、虺、獼猴、師子、狸貓之屬，悉皆驚走，畏大火故。尋樹上下，身諸毛孔九十九蛇，悉在樹上。

爾時，毒龍宛轉繞樹。復見黑（色大）象在樹下立。見此事時，應當深心，六時懺悔。不樂多語，在空閑處，思諸法空。諸法空中，無地無水，亦無風火。

色是顛倒，從幻法生。受是因緣，從諸業生。想為顛倒，是不住法。識為不見，屬諸業緣，生貪愛種。

如是種種諦觀此身。地大者，從空見有，空見亦空，云何為堅？想地如是，推析何者是地？作是觀已，名觀外地。

一一諦觀地大無主，作是想時，見白骨山，復更碎壞，猶如微塵。

唯骨人在於微塵間。

有諸白光，共相連持，於白光間復生種種四色光明，於光明間，復起猛火，燒諸夜叉。

時諸夜叉，為火所逼，悉走上樹。未至樹上，黑象蹋蹴，夜叉出火燒黑象腳。黑象是時作聲鳴吼，如師子吼音，演說苦、空、無常、無我。亦說此身是敗壞法，不久當滅。

黑象說已，與夜叉戰。夜叉以大鐵叉刺黑象心。黑象復吼，一房地動。

是時大樹根、莖、枝、葉，一時動搖。龍亦吐火，欲燒此樹。諸蛇驚張，各伸九十九頭，以救此樹。

是時，夜叉復更驚起，手執大石，欲擲黑象。黑象即前，以鼻受石，擲置樹上。石至樹上，狀似刀山。

是夜叉奮身大踊，身諸毛孔，出諸毒龍。龍有四頭，吐諸烟燄，甚可怖畏。

此想成時，自見己身，身內心處，深如阬井。井中有蛇，吐毒上下，現於井上。有摩尼珠，以十四絲，繫懸在虛空。時彼毒蛇，仰口吸珠，了不能得。失捨壁地，迷悶無知。是時口火，還入頂中。

（修此觀想）行者，若見此事，當起懺悔。乞適意食，調和四大，極令安隱。當坐密屋，無鳥雀聲處。

佛告阿難，若比丘、比丘尼、優婆塞、優婆夷，得此觀者，名得地大觀。當勤繫念，慎莫放逸。若修不放逸行，疾於流水，當得頂法。

雖復懶惰，（亦）已捨三塗（註十六）惡道之處。捨身他世，生兜率天，值遇彌勒，為說苦、空、無常等法。豁然意解，成阿那含果（註十七）。

佛告阿難，汝今諦受地大觀法，慎勿忘失。為未來世一切眾生，敷演廣說。爾時阿難聞佛所說，歡喜奉行。

得此觀者，名第十四地大觀竟。亦名分別四大相貌。復名見五陰麤相。

有智慧者，亦能自知結使多少。四念處中，名身念處。（但此亦）唯見身外，未見身內。（只是）身念處境界四分之中，此是最初。得此觀者，身心悅樂，少於諍訟。」

附註

（註一）夜叉：有捷疾、輕捷、勇健、能噉、傷者、苦活、祠祭、威德等義。住在空中、天上或地上，具有威勢的鬼類。有的是守護正法和諸天，有的惱害人類，噉血肉，奪人精氣。

（註二）鳩槃茶：譯為甕形鬼、瓶腹、甕行、陰囊、形卵、形面似冬苽鬼、厭魅鬼等。這類鬼的陰囊狀如冬苽，噉人精氣。行時將陰囊扛在肩上，坐時靠在陰囊。

（註三）毗舍闍：譯為食血肉鬼，噉人精氣鬼，或癲狂鬼。是噉食人的精氣和血肉的鬼類。

（註四）娑婆世界：梵語娑婆，其義能忍。謂此世界眾生，能忍受煩惱苦毒，故名。

（註五）閻浮提：梵文 Jambudvipa，譯名大洲，即吾人之住處。

（註六）野干：類似野狐的動物。《雜阿含》云：野干常樂塚間，鳥常欲飛空，蛇常欲入穴，狗常欲入村，獼猴常欲入山林，龜常欲入海。喻人之六根繫樂六塵，所著不同。

（註七）九色：即紅、橙、黃、綠、藍、靛、紫、黑、白。

（註八）九十八使：與煩惱同名，又名隨眠，常隨逐於人，微妙難察，包含欲、色、無色三界見思二惑。斷惑見真，方證果位。

（註九）羅剎：食人血肉惡鬼，或飛空、或地行，捷疾暴惡可畏。有云：羅剎男為黑身、朱髮、綠眼；羅剎女為絕美之婦人。

（註十）由旬：為天竺里數名，上由旬六十里、中由旬五十里、下由旬四十里。

（註十一）三淨肉：不為我所殺，自不教他人殺，不見他人殺而生隨喜者，名三淨肉。

（註十二）那利瘡色：形容癰、疽、瘤、瘡等瘢痕的顏色。

（註十三）十六色：肉身之色相轉變破壞成骷髏，見於外之形相有十六色相之不同。

（註十四）三十六物：佛言人身有三十六種不淨充滿，分為三類。

（一）外相十二（髮、毛、爪、齒、眵、淚、涎、唾、屎、溺、垢、汗。）

（二）身器十二（皮、膚、血、肉、筋、脈、骨、髓、肪、膏、腦、膜。）

（三）內含十二（肝、膽、腸、胃、脾、腎、心、肺、生臟、熟臟、赤痰、白痰。）

（註十五）六入：舊曰眼耳鼻舌身意之六根為內六入；色聲香味觸法之六境為外六入。新曰六入即六根六境互涉入而生六識，即名六處。

（註十六）三塗：塗者途之義，猶道也。與地獄、餓鬼、畜生三惡道同義。一火塗——地獄趣猛火所燒之處。二血塗——畜生趣互相噉食之處。三刀塗——餓鬼趣以刀劍杖逼迫之處。

（註十七）阿那含果：譯曰不還不來，為斷盡欲界煩惱的聖者名，亦為小乘四果之第三果，未來當生色界、無色界中，不再來欲界受身。

附錄一

關於禪祕要法的第一觀——不淨觀

洪文亮

腳大指去爪甲約一分處，各有一個穴道，靠內的叫隱白，它是脾經的井穴，脾經統血，與思有關，又司消化。靠外側的叫大敦，它是肝經的井穴。肝經藏血，與怒有關。兩條經絡都屬陰，代表重要臟器的前哨。平常我們可以利用這兩個穴道，診知脾與肝的健康情形。如能定心令住，繫念在這一半節上，工夫熟了，當可息肝火，旺脾機。在剛上座時，笑（屬心經——手小指），驚（屬腎經——足底），憂（屬肺經——手大指）甚少會有干

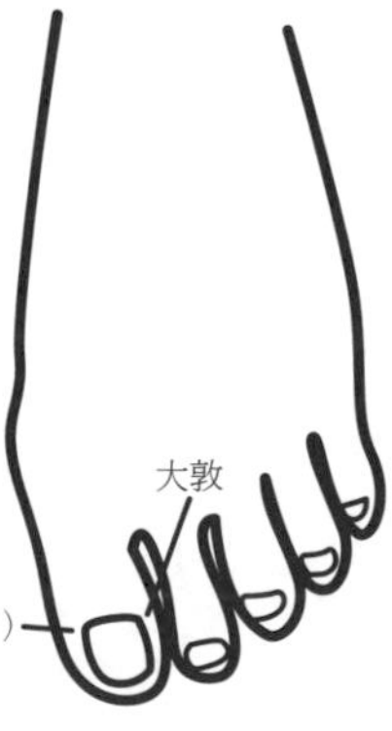

擾，故先繫念腳大指，把思與怒（不平之氣）穩下來，往下便好上路。扁鵲十三鬼穴中之第三穴道，叫「鬼當」，就指左右兩個隱白穴而言。灸這兩個鬼穴，可以治療精神錯亂，癲癇及腦出血等。

拇趾只有兩節小骨，其餘四趾各具三節。蹠骨後的幾塊小骨，很難一一觀想清楚。原典裡就以一個趺骨代表了這些。踝骨指的是脛骨與腓骨的左

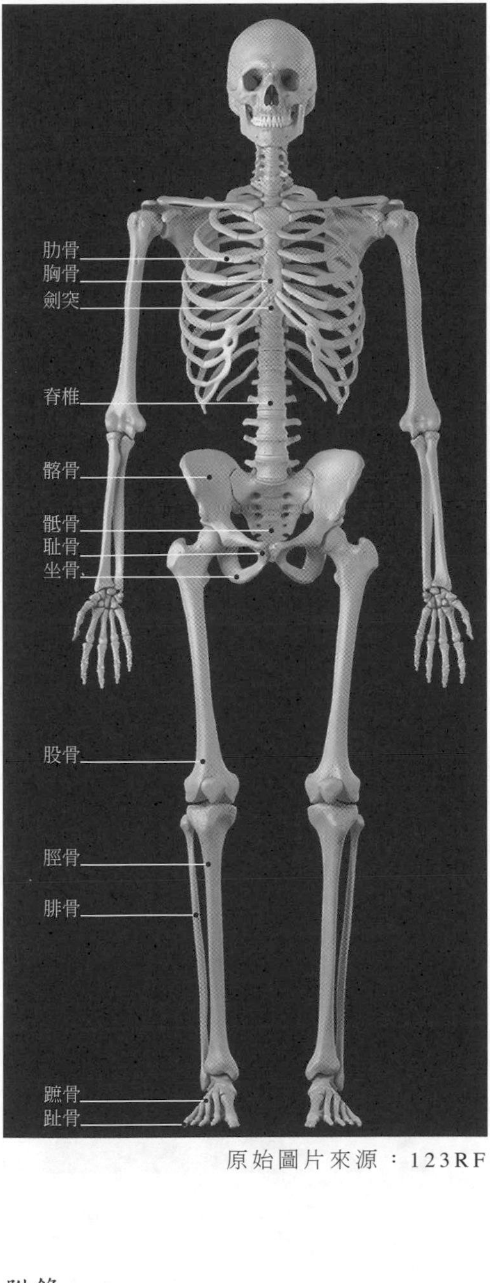

原始圖片來源：123RF

右兩邊下端的突起，並非另有一個獨立的踝骨（有人把距骨譯成踝骨）。腓骨較小，與脛骨並排在一起，作用不大，所以經文裡就略而不說。

髖骨則較複雜，它代表由恥骨、坐骨及髂骨接合成的骨盤。脅骨係指形成胸廓的十二對肋骨而言。肩骨包括左右一對肩胛骨，一對鎖骨及肱骨。

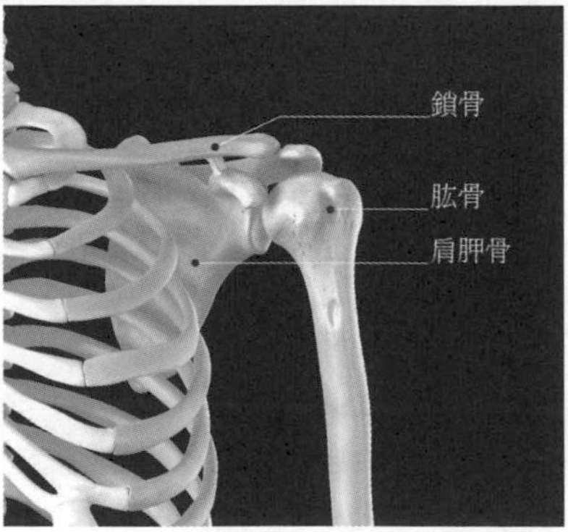

成人的骨頭共有兩百零六個，雖然嬰兒剛生下來時，具有三百個以上。後來有些骨頭因為互相融合，便成兩百零六。但是每二十個人中就有一個，因

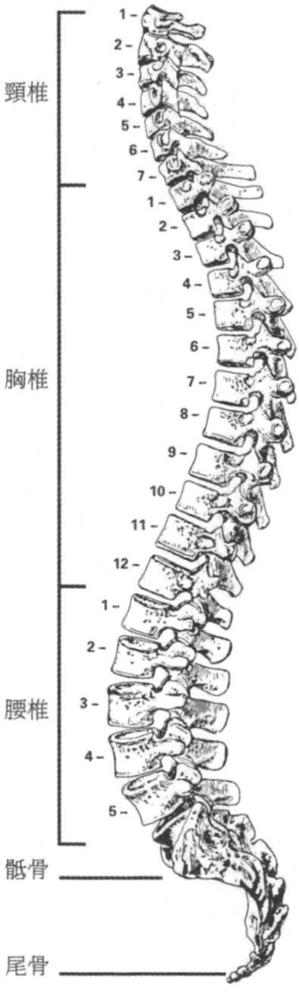

▲▼原始圖片來源：123RF

融合不成而多出一根肋骨。這種情形，女人顯然比男人多出三倍。所以《聖經》上記載：亞當被夏娃攫走了一根肋骨。脊椎則共由二十六塊小骨串成。呈優美的輕度S狀彎曲。所以跏趺坐時，應注意其自然的彎曲。不可以像立正一樣，過分挺直；也不可以彎腰駝背，活像鐘樓怪人。

佛說：「如是繫心諦觀五節，不令馳散。心若馳散。攝令使還。如前念半節。念想成時，舉身煩熅，心下熱。得此想時，名繫心住。心既住已，復當起想。令足趺肉，兩向披……。」這一段經文裡，有幾點重要的指示：

一、念想成時，舉身「才」煩熅，心下熱。如能好好聚精會神，哪怕是足尖的小小一塊拇趾半節，都可以使全身感覺溫暖又輕柔。不一定要全身白骨都得觀成，才能引起身體的這種良好反應。這裡且讓我們提出一個疑問：有時我們偶爾也會繫念一處，目不轉睛地去注意某一事或物，舉身為什麼不起煩熅？最多只是臉色變得更蒼白，神情變得更凝重而瑟縮罷了。

二、「心下熱」。與中國醫學井穴的道理，不謀而合。所有經絡的井穴，都可以主治心下滿，而在趾端分佈的穴道，莫不屬於井穴。此處所講的心下就是胸骨下端，肋骨弓開展的支點部位。這裡熱，因為井穴屬乙木肝。肝位於橫膈膜下的心窩處。從西醫的解剖生理看，這裡是上腹部的重要部位。有很多出入臟腑的動靜脈與神經，都會合在這附近。一旦「念想成」時，所有的不必要的情動作用與想思，一時減弱到極點，當然血管壁的平滑肌，胃、大小腸腸壁內的平滑肌；自主神經間，交感與副交感神經間的不和諧，不久便隨順調柔下來，血液循環也就毫無阻礙地周流全身，自然會覺得煗煴起來。

三、「心既住已，復當起想……」如前所述，心住一定要有心下熱的生理反應（請注意，這是自然而起的，為自主神經系統的功用境界）。有了這個基礎，才好接下去「起想」，否則一切都像是緣木求魚，徒勞無功。

觀頭皮後要觀薄皮與膜。「薄皮」可能指的是硬腦膜，「膜」則大約指蛛網膜。現代醫學所說的軟腦膜與腦實質不易分開，原典可能即以一個「腦」字代表了它。「肪」不僅指脂肪，還應包括臟腑間的諸多稀鬆組織。

「肺腧」大概指胸廓內，除了心臟與肺臟以外的所有組織，包括縱隔腔裡的食道，氣管和大小血管，淋巴組織等，不可能是單指胸膜而言。

關於生臟與熟臟，請先注意原文裡的幾點提示：

一、「此諸蟲等二十戶是火蟲，從火精生。二十戶是風蟲，從風氣起。是諸蟲等出入諸脈遊戲自在。」此處所講的火精與風氣，就是火大與風大，代表熱能與動能，而它們的自性本空。

二、「火蟲動風，風蟲動火，更相呼吸以熟生藏。上下往復，凡有七反。此諸蟲等各有七眼，眼皆出火。復有七身，吸火動身，以熟生藏。生藏熟已，各復還走，入諸脈中。」這一段是說明生臟與熟臟最重要的原文。從這些文字裡，可知這些小蟲，把生臟轉變成熟臟，等到成熟之後，這些小蟲又回到諸脈中。（脈不是指血管或淋巴管，而是指氣脈等的無形通道而言。）

三、「又觀小腸、肝、肺、脾、腎皆令流注，入大腸中，從咽喉出，墮於前地。」身體內的臟腑只剩下內分泌腺，包括睪丸、卵巢、甲狀腺、腎上腺、腦下垂體等，以及輸精管、輸卵管、尿道、外陰等部分，猶未論及，故所談到的生臟與熟臟，當然是非這些莫屬。然則如何去推論到底生臟指的是什麼？熟臟又指的什麼，這又必須要參考下面幾段其他經典裡的文字：

一、《出曜經》卷第五，〈愛品第三〉：「……是故說曰：涉憂之長塗，愛苦常墮厄，數數處胎，受形無量，處生熟藏間（意即託胎中），屎尿所染汙，臭穢不淨，數數入胎，亦無厭足。……。」

二、《治禪病祕要法》卷上，〈治行者貪婬患法〉：「……教此行者，觀子藏。子藏者，在生藏下，熟藏之上……復有諸蟲，細於秋毫，遊戲其中。諸男子等，宿惡罪故，四百四脈，從眼根布散四支，流注諸腸，至生藏下，熟藏之上。肺腴腎脈，於其兩邊各有六十四蟲……脈上衝於心，乃至頂髻。諸男子等，眼觸於色，風動心根，四百四脈，為風所使，動轉不停。八萬戶蟲，一時張口，眼出諸膿，流注諸脈，乃至蟲頂，諸蟲崩動，狂無所知。觸前女根，男精青白，是諸蟲淚，女精黃赤，是諸蟲膿。九十八使，所熏修法，八萬戶出，地水火風，動作作此。……。」

三、《治禪病祕要法》卷上，〈治利養瘡法〉：「……百千小蟲耳生諸膿屎尿諸血，八十嶲蟲，風蟲火蟲，水蟲，地蟲地獄蟲，一切諸蟲，吐膿吐毒，滿鉢多羅，鐵丸劍戟，以為果蓏。……。」

綜合上舉的文字，可知小蟲並非特指一個固定的蟲類，它似乎是負責體內各種生化學抑或生理變化的極微的工作小組。有時它可以是一個細胞（地蟲），或者也可以是一種賀爾蒙（水蟲）。「風動心根，四百四脈，為風所使，動轉不停」，這些都是風蟲大發雄威的描寫。「火蟲動風，風蟲動火，更相呼吸，以熟生藏」，生臟被「煑」成熟臟時，不僅要由風大（念動），也要由火大來共襄盛舉（如火如荼，不可收拾之連鎖反應）。野草燒不盡，春風吹又生，對這情景正是一句很好的寫照。「男精青白，是諸蟲淚，女精黃赤，是諸蟲膿。」如果把這一句話認為不合乎科學，則似乎太草率了一點。這句話的意思是說，不管男精或女精都是諸蟲惹起的蟲，而

「諸蟲」卻暗示著那神出鬼沒，千變萬化，不可捉摸的隱俠。至於說「子藏者，在生藏下，熟藏之上」，並非說身體內有一個生臟在上，一個熟臟在下，而子臟（子宮之意）卻鎮在其間。請參照《出曜經》的〈愛品第三〉：「處生熟藏間（意即託胎中），屎尿所染汙，臭穢不淨，數數入胎，亦無厭足……。」可以推知生臟或熟臟者，並非是現代醫學所說的一個特定的器官，如卵巢或陰莖等。「生」與「熟」是一個綜合的方便說法，去概括那些成熟與未成熟之間，有著極大不同意義的身體內的某些成分或構造。試想，在「生」與「熟」的過程裡，我們的身體，有些什麼樣的變化？現在暫且以精蟲和卵子的成熟轉化，舉例說明於後。（請注意，除這兩者之外，身體內還有不少「生」與「熟」兩者之間的多種變幻，如二次性徵——如男人的長鬍子，女人的奶脹等等，都應包括在「火蟲動風，風蟲動火，更相呼吸，以熟生藏」裡面去。）

先說明精蟲部分：在睾丸裡的「精原細胞」，到了青春期，就開始分裂為與原來相同的新精原細胞，另一半則愈長愈大，變成「第一次精母細胞」。這個變化，大約需要二十六天。接著再費十六天的工夫，第一次精母細胞，分裂成兩個「第二次精母細胞」，正當此時，細胞內的染色體便減了一半，以便將來和卵子結合時，合成一個與原來體細胞同樣數目的染色體（否則會變成兩倍）。再經過十六天，每一個「第二次精母細胞」，各個分裂成兩個「精子細胞」，再過了十六天，這些精子細胞，最後才成熟為精蟲。到了青春期，在睪丸裡的精原細胞，由於「風蟲」的欲念與無可奈何的「火蟲」賀爾蒙的作用，大約經過一個暑假即兩個半月的時間，便由「生」的精原細胞（生臟之一種），熟成特立獨行，成熟了的精蟲（熟臟之一種）。再看卵子部分：卵子的發育成長和精蟲，迴異其趣。一個胎生第七個月的女胎，在她的卵巢裡已具有了四十萬到五十萬個「第一次卵母細胞」。這些第一次卵母細胞都是在胚胎的卵巢中，由「卵原細胞」分裂成的。等到大多數的第一次卵母細胞開始首次的減數分裂時，不知何故，竟分裂到中途，便大睡其覺去，不再分裂了。結果這些貪睡的第一次卵母細胞，由於昏沉過度，大部分便萎縮而死。只有少數保住了命，一直安眠到思春的風蟲、火蟲開始肆虐時，才驚慌失措地揉揉眼睛，一個挨一個，每月一次，在排卵的之前完成沒有做好的減數分裂，一半變成「第一極體」，另外一半則變成「第二次卵母細胞」。不用說那發育不全的「第一極體」，不久便萎縮而消失。而這幸運的第二次卵母細胞，接著立刻開始第二次的細胞分裂，鑽到細長暗漆漆的輸卵管裡

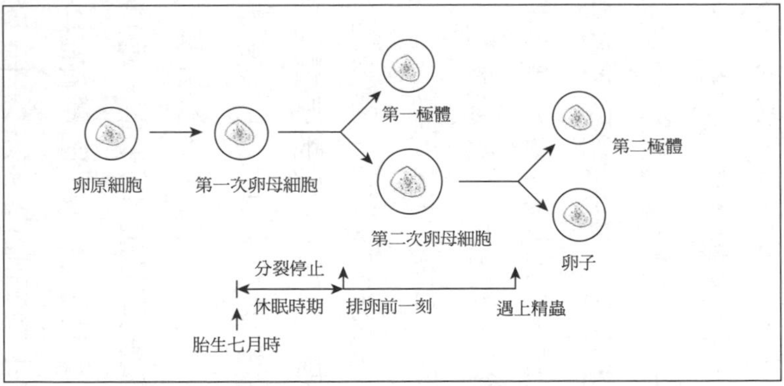

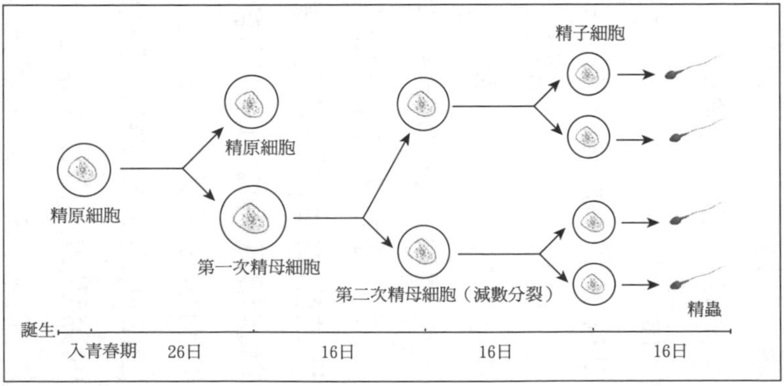

去。正當她在卵管中，邊游邊分裂時，奇妙的事就要發生了：要是很遺憾，在路上遇不到如意郎君——精蟲的時候，她便停止再繼續分裂，從此會變得更消瘦而終於死亡。假如千里姻緣一線牽，一牽上了，她立刻雀躍三丈，一鼓氣分裂下去，變成一個圓滿的受精卵，另外則放出一個即將退化的「第二次極體」。

從上面的例子，我們似乎可以推知，生臟、熟臟與諸蟲之間，存在著錯綜複雜的微妙關係。

附錄二

跏趺坐與股關節

洪文亮

股關節的功用很大，它不只撐住體重，還要能靈活自如；舉凡立、行、坐、跑，踢、滑、翹、蹲，樣樣都來。我們一生下來，所有的日常活動，不是慣用右手右腳，就是左撇子。像寫字，拿筷子，打棒球，網球，踢足球，甚至揩屁股，都喜歡偏用一邊，長久如此，待之不公的結果，十有八九，或多或少發生了股關節左右的偏差。這種偏差致使一邊的腳長過另一邊，骨盤（腰部）就自然沒法保持水平位置，上半身也就隨著向側面做弧狀彎曲，終使頭部起代償作用，向腳長的那一方側倒過去。如下圖：

從醫學的觀點看，假如一個人的股關節有問題，而想能夠盤起腿打坐，久久不麻不痛，實在很少有此可能。換句話說，要是能夠矯正股關節的前後轉位，那你的脊椎自然就不彎不扭，對你的靜坐工夫一定有所幫助。

問題是我們如何去發現這些毛病？假如不幸把長的改短，短的改長，豈非愈弄愈糟？下面幾個要點，也許還有些用處：

一、從正對面看，若他的臉倒向左邊，就是左腳長。

二、翹二郎腿時，習慣左腳在上，就是左腳長。

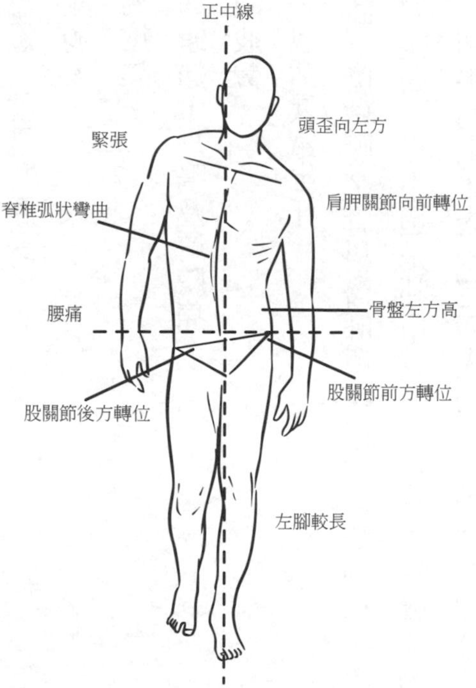

三、褲帶或裙子的上端哪邊高？左邊高，就是左腳長。
四、容易感冒、咳嗽、流汗、心跳、胸口悶痛多半是右腳長。
五、容易得腸胃病如腹脹、不易消化、胃口欠佳、打呃等，多半是左腳長。
六、仰臥時，若右腳外翻（看足尖即知），就是右腳長。
七、睡覺時喜歡把臉側向左邊，就是右腳長。
八、左腳長時，性慾較易減弱。
九、左腳長時，右側腰部易痠痛。
十、右腳長時，易得左邊的頭痛、耳鳴及肩膀痛。
十一、右腳長時，易使左眼疲勞。
十二、右腳長時，易流汗（包括異常出汗）。

矯正股關節轉位的毛病，該怎麼做呢？骨科醫師所採用的專業操作，不在本文介紹。如仰揹著病人用力振盪，只不過是利用重力，重整脊椎關節的相對位置；或者叫病人伏臥在一個平面上，先固定病人的背脊骨某一部分，然後把雙腳往後上方急速拉動等等，都是比較穩當的方法。當然醫師在做這些操作前，他事先必須查清楚，病人的這些毛病是否由於骨癌、梅毒或者壓迫性骨折等實質性病變所引起，若然，則他絕不會輕易去動手矯正。至於一般外行的人，如果確實知道那一邊的腳較長，則可以利用打坐的時候，將肚臍微微用力，向比較長的那隻大腿內側旋轉，肩膀則相反地轉向對側，把姿勢這樣對正了後，就該忘掉一切，久久如此定下去，將會收到意想不到的效果。還有一個簡易的矯正方法，可供諸位參考：當你睡覺的時候，用兩條寬布條，把兩邊的膝關節之上下方綁住，不可過緊，也不可太鬆。若能加上踝關節上方的固定，當然更妙。縛綁的時間，隨人而異，能愈久愈好。再介紹一些日常起居時，所應注意的小動作：

一、坐在椅子上，最好不要翹起二郎腿。

二、看書或打毛線時，不要低頭，應把上半身向前傾。

三、不要坐在地板（或地面）上，豎起雙膝，用雙手抱膝蓋。

四、不可坐在地面，將雙腳前伸太久。

五、不要坐在椅子上，把雙腳放開。
六、仰臥時，手掌不可以向上。
七、架腿而坐，甚至盤腿靜坐時，臀部一定要墊高。
八、坐在地板上時，不可一腳伸出，另一腳則在膝關節處，向內或向外彎曲。

附錄三

習氣的寶藏——記憶

洪文亮

徐志摩曾經寫過：「記得也好，最好是忘掉。」但是有時任你想盡辦法，都沒法忘掉你想忘去為快的雲和月；反之，當你在考場遇到一個難題，想要記起一個人名或一個公式，絞盡了腦汁，也不見其倩影芳踪，可是一旦鈴聲大作，考試於焉終了，必須繳上試卷同時，靈光一閃，早該來的終於姍姍而來，可惜只是慢了半拍。

不少公公婆婆，常提當年勇，只要話匣子一開，便會口若懸河，滔滔不絕；但是卻會拿了手杖忘手杖，戴著老花眼鏡，嘴裡卻咕噥著誰拿走了眼鏡。幾十年前的老遠的往事，剎時歷歷在前，而幾分鐘前的觥籌交錯，卻如石沉大海，尋撈不得。這種「遠憶近忘」的記憶，叫作Retrograde Amnesia

（退行性健忘症）。有人發生車禍，腦部受了震盪；或者一個癲癇病人受了Electroshock Therapy（電休克治療），則不讓老年人專美於前，他們同樣會引起相似的失憶。生理學家很多狂心未歇，便針對著這些記憶的現象，動起歪腦筋，拿動物做實驗。經過他們不厭其煩的探討，終於發現了我們的記憶，如果要它天長地久、牢牢記住，必定得給熬過烤、焦、煮、爛的硬工夫。如談天說地，吟詩閱讀，都用得上Immediate Memory（當前記憶）。這些「當前記憶」只要靠神經細胞的Transmitter（綠衣天使——捎消息者）就夠了，但是要把它記上幾天而不忘（短期記憶 Short-term memory）就非另外動些手腳不可。我們的大腦和小腦一共有10"個神經元，這些眾多的神經元，日以繼夜在「埋頭」工作。每一個清醒的人，每一個腦細胞在每一秒鐘，竟有一萬五千個蛋白質分子，時時刻刻在畫柳眉，塗櫻唇（Transformation，變易），為的是想要嫁到記憶的寶宮去。大腦與小腦有些不同，小腦裡面的神經元比較少，他們稀稀疏疏，散居在小腦膠質的曠野上，所以必須要能獨當一面，所有到手的訊息，幾乎不經過開會研議，乾淨俐落，立刻作決定，便發出訊號。大腦就不然了。它很謹慎，再三斟酌，而且一定集思廣益，絕不藐視眾議。這種三番兩次的開會又開會，討論又討論的結果，造成了一道Reverberating Circuits（滾滾卅論），這就是「資訊處理」的第一關（Information Processing），如下圖。

假如有一個人，對某一事物，漫不經心，或者提不起興趣（Diminished Preparedness）則這一條記憶的旋流，很有可能就此銷聲匿跡，煙消雲散。因為從「當前記憶」轉身一變到「短期記憶」之路，最艱難最渺茫。它主要受大腦額葉（Frontal Lobe）的控制，而且由於這些記憶，不像「長期記憶」一樣，將被固定在某部位，所以也最容易發生線路的故障。依此理，善於「短期記憶」的考生，考試最易得高分，然而他不一定就是將相之才，因為「短期記憶」不可能全部變成「長期記

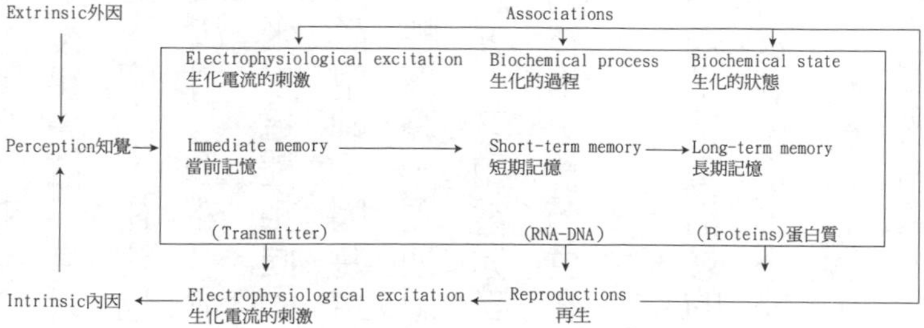

憶」。一連串相續而來的填鴨式的學習，將會使你「功虧一簣」，把辛苦學來的通通泡湯，這種現象就叫作Retroactive Inhibition（後起先滅，喜新厭舊）。因腦震盪而失憶的人，或者上了某種麻醉藥而迷糊的人，往往也有這種現象出現。因此，我們可以說，增強記憶最巧妙的法門，不外乎是在幾個小時或幾天之內，重覆地學習同樣的內容。如此一來，這種相同的Excitatory Process（刺激過程），引發了很多神經元的團隊精神。因為這些神經元不久即組成一個專案小組，把「當前記憶」盡力轉換為「短期記憶」。無怪乎那些抑揚頓挫，朗朗上口的詩歌，就很不易忘去。又如當你談及往昔的悲歡歲月，或九死一生的劫數時，你會覺得如烟的往事，恍若就在眼前。

「當前記憶」如何轉變為短期記憶？所謂當前記憶只不過是捎著消息的綠衣天使，在腦子裡穿梭往來的情形而已。我們無法叫他們永無休止，不停地工作。除非細胞核內的RNA（核醣核酸）受了「當前記憶」活動的影響，轉變為DNA（去氧核醣核酸），在核周圍另起爐灶，開始生產蛋白質。而在這個RNA轉變為DNA之過程，也就是「短期記憶」之生產過程裡，腦內的一個重要部位叫作海馬，將扮演極重要的角色。如果我們破壞了兩邊的腹側海馬，則新近獲得的短期記憶，便會立刻如日融雪，不見蹤跡，但是對於久遠以前的記憶，則完好如前。生理學者又作了一種動物實驗，先訓練一種動物，使其學會了某一種技能之後，在五分鐘之內，再以電觸擊牠，叫牠引起休克；或者降低實驗動物的體溫，則剛學會了的技能即刻忘得一乾二淨；但是假如經過四個小時後（有人主張以一小時為限度），再給與各種電刺激或體溫的驟變，則情況改變，再也不能動搖已經獲得的學習成果。由此實驗，我們不難知道，記憶猶如水門汀，要它鞏固耐久，必假以時日，才能熬成一個如鑽石般難以磨滅的不壞之身。然而這些鞏固工程如何打底？原來在細胞核周圍合成的蛋白質分子，最後被請到細胞膜的特別貴賓席（Special Sites），而在許多細胞膜裡的脂質，前呼後擁之下，昂然升殿，儼然一國之尊，歷久不衰（永久或長期記憶）。

在正常清醒的狀態下，從五官傳過來的單純資訊，經過幾番甄選淘汰之後，比較醒目的資訊才被送往「意識」的頻道裡去。不需幾十分之一秒的時間，由意識決定其去留，如此才能減去很多腦神經細胞太多無謂的辛勞，而不必把每一樣「當前記憶」，事無巨細都轉換為「短期記憶」。當然，只要你聚精會神，這些相續不斷的認知作用，也就是RNA與DNA之間的轉換工作，自會快馬加鞭，風起雲湧一番了。反過來說，當你昏沉的時候又將如何？昏沉會使認知作用減低到最小極限，但其中確有某些部分，無論在睡眠中也絕不消失，除非你完全喪失了意識。有趣的是，如果你平常對某一事物格外留意，而又能做到「念而無念，無念而念」，則此「繫念」的巧妙練習，會使你以後在身心極端放鬆時，也照樣能夠揀出重要的資訊，送進意識的頻道去。生物學者認為靜坐可以培養這種殊勝的能力。他們同時也用腦波證明了學習或記憶的高級中樞是在與情感作用最有密切關係的邊緣系，特別是在海馬裡。雖然如此，當你把動物的大腦額葉破壞，學習的速度必然會減慢，並且當兩件事物，在不同的時候先後呈現在眼前時，也就無法分辨清楚（例如碰見一個久違的朋友，怎麼也想不起他叫什麼）。可是只要兩物同時俱現時，它照樣能夠分出同異。

腦裡的聽覺中樞或視覺中樞等特殊的部位，只能做分辨的工作（略等於前五識的作用），至於比較複雜的細斟審辨，則有賴於顳葉（Temporal Lobe）的協調區域（Association Areas）。在腦神經科的臨床經驗上，以及動物實驗的結果，我們很清楚，腦部的大損傷，不一定會帶來嚴重的失憶。這是因為腦部儲藏記憶的方法很特殊，它利用Hologram的原理，把各種記憶攝取，變成像一張張精緻的照片一樣，再透過錯綜複雜的繞射現象，正如這些照片，只要有適宜的光線照到了相片上的任何一小點，都可以映現整個照片的明暗一樣，記憶的重現也就是利用此理。至於細胞外液裡面流動著的鈉離子、鈣離子以及多醣類和玻尿酸（Hyaluronic Acid）等，對於腦神經細胞傳遞訊息的工作，也具有相當重要的關係。不少人希望能增強記憶力而去吃豬腦。吃腦真的能補腦嗎？曾經有人提出報告，說酵母的RNA如果大量給予老人「進補」的話，可以恢復年輕時的記性，但可惜的是，酵母的RNA幾乎不可能到達大腦裡去。至於名噪一時的靈藥，Pemoline，雖然可以幫忙老鼠的記憶力，對於人類則絲毫無能為力。但是有些中樞神經系的興奮劑，如Caffeine，Physostigmine，Amphetamine，nicotine以及痙攣藥，如Strychnine，pentylenetetrazol（Metrazol），這些藥物可以促進長期記憶的誕生。尤其是Metrazol，可以用來幫助老年人增強記憶。還有一部分人說，老年人的記性之所以減退，是由於自主神經太過於狂妄，所以主張可以使用β腎上腺性阻斷藥，去改善老年人的學習能力。

總而言之，關於記憶的腦生理學，目前還有不少疑問尚待解決。譬如說：每一樣神經衝擊的模式，實際上如何促使「RNA帶」開始轉變？五官的各種感覺刺激，如何相互融合而形成一股勢力，去誘發記憶的火花？甚至只要我們起個念頭，想回憶一件事，為什麼就足以使那些埋藏著訊息的蛋白質，猛然一覺，開始一連串的活動，使我們有能力「重溫舊夢」？與生俱來的條件反射，諸如吸奶，嚥下動作等等，到底如何藏在記憶的寶庫？能藏者是誰？為什麼藏了那麼久而又完好如初（執藏）？長期記憶在細胞膜上的固定寶座如何排定？有何特殊意義？當前記憶火輪式的生化電流

（Reverberating Circuits）以及其他各色各樣富麗堂皇的名相與分別，怎不叫人嘆為觀止？

附錄四

氣住脈停怎麼說

洪文亮

氣住脈停久了，不會死嗎？這種事，常人無法做得到。入定的人則如何？我們且先看看我們的身體如何調節呼吸，管制心跳？

「氣喘如牛，徒呼負負」，到底誰在管這些出入息？

新皮質（Neocortex）和 Ondine 的詛咒

我們想暫時憋一下氣，或者做一次深呼吸，有誰辦不到？只要時間不太久，個個都會。因為大腦的新皮質可以直接管制呼吸肌，叫它們唯命是從。

有時我們興致來了，就引吭高歌，或跳進水裡游泳。這些都要由大腦來控制換氣，否則不能隨意自如。但是如果我們的呼吸一味都由大腦管制，這樣準會叫我們吃不消。德國有一個家喻戶曉的故事，叫作 Ondine´s Curse。據說，Ondine 是一位德國的女水神，她有一個情人，後來變了心，開始對她不忠實，Ondine 一氣之下，發了一道詛咒，只許他「用意」呼吸。這一招殺手鐧可真要命，害得他為了呼吸，一直不敢睡眠，到後來實在忍不住了，終於心疲力盡，痛苦而死。這則故事，說明了我們的呼吸雖然大都在無意識中完成，但我們仍可用意志去控制它。雖然如此，也應有另外一種各自獨立，不相干涉的獨立衙門，叫作「自主性控制系統」，來相輔相成。這樣才能使我們無論午睡片刻，或者整夜酣睡，都可以高枕無憂，放心去夢見周公。

腦邊緣系與下視丘

腦殼裡面有兩個活寶，叫邊緣系統（Limbic System）與下視丘（Hypothalamus）。有時我們怒火沖天，不知不覺之間，呼吸停了，臉也紅了；有時我們給嚇壞了，也一樣會屏息發抖。這些感情的劇變和難以忍受的痛覺，經過腦邊緣系與下視丘，輾轉影響到我們的一呼一吸。使我們的嬉笑怒罵更富於表情，也更叫人癡迷。

本體感受器（Proprioreceptors）

當我們走路走快了，呼吸也隨之加快。不用說跑步、打球等等，活動筋骨的時候，更是如此。因為肌肉、肌腱、及關節上有一種叫作「本體感受器」，這種精巧細緻的小裝配，會把筋骨運動的資訊，立刻傳到呼吸中樞去。結果運動時的換氣量，自然就增加了。

阿伸族和阿扁族（Hering-Breuer reflex）

我們用肺部呼吸，左右兩葉肺臟像個氣球。吸氣時，鼓得圓圓脹脹的，等到吸滿了，不用再吸時，就開始慢慢癟下去。在這樣一呼一吸之間，也有微妙神奇的小神通，在呼吸道的平滑肌裡面（氣管或支氣管的管壁，都有一層平滑的肌肉），默默地工作，從無怨言。這些小神通是一對世家。一個叫Stretch receptor（阿伸族），另一個叫Deflation receptor（阿扁族）。「阿伸」專門負責吸氣吸滿了，肺已不再想吸的時候，自動出面干涉，叫吸氣適可而止，不可過分囂張。「阿扁」則剛好相反，當呼氣呼盡了，怕忘了吸氣會一命嗚呼時，他立刻挺身而出，令肺臟開始膨脹，趕快把氣吸進來。他們這種對於出入息的照顧，就稱為Hering-Breuer reflex。如有人患了肺炎，肺裡面有了充血，或者因為骨折、心臟病等等而有氣泡或脂肪小球，塞進肺臟的血管裡引起肺栓塞時，「阿扁」就特別忙碌，呼吸也就隨之淺而快起來。因為「阿扁」大都住在微血管旁邊（Juxtacapillary），所以我們又給他取了個外號叫 type J receptor（阿管族）。

大呼吸道粘膜感受器

為什麼我們會打噴嚏或者咳嗽？我們的呼吸管腔很喜歡乾淨，萬一有不速之客來搗蛋，大呼吸道粘膜裡的感受器，立即發動一連串較特殊的呼吸動作。咳嗽動作開始以深吸氣，接著用呼氣衝擊緊閉的聲門（Glottis），聲門受不了這個壓力，突然打開。被逼得走投無路的氣體，這一瞬間，便勢如破竹，像萬馬奔騰，噴射而去。其速度可至每小時六百哩。打噴嚏的動作很像咳嗽，不過呼吸時，聲門張開的時間較長久而已。

嘔吐、咀嚼與狼吞虎嚥

當有一人正在大口咀嚼，狼吞虎嚥時，我們真擔心，他會不會冷不防把食物吸進氣管？當媽媽給嬰兒吃藥時，是不是最怕藥水流進肺裡？當麻醉醫師做完了全身麻醉，而把麻醉小管從喉嚨裡拔出來後，為什麼他一定用電動吸引機，把氣管和咽喉裡頭的痰，一直抽個不完？當我們嘔吐或者吞嚥及咀嚼時，大家都曉得屏住息，同時還要關閉聲門，以防止食物或嘔吐物直接吸入氣管，以免引起可怕的肺炎。這些如同打呃及哈欠，都是一種特殊的呼吸動作，全靠幾條神經和一群大小肌肉，同時協調合作。

壓力感受器（Baroreceptors）

我們體內的動脈、心房、心室及肺內，藏有不少壓力感受器，這些「線民」對壓力格外警覺，一有動靜，立刻把收到的訊息，送到血管運動中樞、心臟抑制中樞和呼吸中樞去。但這些對於呼吸的影響，並不很大。

氧、二氧化碳和氫離子——無盡寶藏

我們的血液正如無盡藏的大海一樣，含有很多寶藏。其中取自大氣裡的氧，熬出來的二氧化碳及輕小靈通的氫離子，都會使我們的呼吸，疾徐淺深，恰到好處。這些「血液化性」（血液裡具有的化學性質之謂），如何去發揮它的威力呢？二氧化碳主要溶入腦脊髓液（腦內有腦室，脊髓有蜘蛛網膜下腔，在這些腦室和狹窄的脊髓腔裡，流動著腦脊髓液），等它乘著腦脊髓液流到延腦時，便刺激呼吸中樞附近的化學感受器。另外一條大道就是血液管道，氧和氫離子順著血流，浪跡天涯，去刺激各種化學感受器，調節呼吸。而我們所要排除體外的二氧化碳，除了經由腦脊髓液的路子以外，它還會乘著血液，由血紅素牽著走，一直流到腦部。這時它的過關工夫來了。本來腦與血液之間，井水不犯河水，彼此之間並沒有邦交，不得隨意出入，醫學上叫作血腦障壁（Blood brain barrier；ＢＢＢ）。但這靈巧的二氧化碳，卻可以眨眨眼，搔首弄姿一番，便安全上壘。等它過了關，即刻和水起「水合作用」（Hydration）變成碳酸，然後再解離，放出氫離子。正好腦幹中的化學感受器，獨對氫離子唯唯諾諾，稍一接觸，便渾身騷癢，呼吸立刻就加深加快起來。

頸動脈體和主動脈體

脖子兩邊各有一條動脈叫頸動脈。在它分為內頸動脈與外頸動脈之間，有一種化學感受體名曰頸動脈體。另外在心臟上方，大動脈剛從左心室分出，變成弓形的大動脈弓附近，也有兩個或兩個以上的化學感受體，取名為主動脈體。這些化學感受體都有神經纖維，和延腦的呼吸中樞互相連繫。頸動脈體則由頸動脈竇，及舌咽神經傳到延腦，主動脈體則另由迷走神經直接傳入呼吸中樞。有趣的是，這些動脈體只探聽血液裡面氧氣的多寡，它們對二氧化碳則漠不關心，而且因為這些小傢伙，人小鬼大，它們在單位體積、單位時間內所獲得的血流量，竟超過了腦或腎臟的五到四十倍左右。所以遇到貧血或一氧化碳中毒時，血紅素裡的氧雖然減少很多，但是因為動脈體的血流量太豐富的緣故，溶解在血液裡的氧，足敷所需，當然就引不起它們的注意了。

惺惺寂寂，寂寂惺惺

總而言之，假如動脈血中的氫離子濃度［H^+］和二氧化碳的分壓P_{CO_2}上升，或氧分壓P_{O_2}下降，呼吸中樞就開始活躍起來。反之，則會萎靡不振，昏昏欲睡。

「七上八下，此心難安」，脈如何停？

心跳非跳

醫學上講心，只講心臟的心。它從我們呱呱墜地到告別這一期的人生，從沒有休息過，一直在胸腔稍為靠左側的部位，把新鮮而富有營養的血液（當然是在正常的時候）不停地輸送到身體每一個角落，同時又把很多老廢物運輸到幾個主要的垃圾處理場後，再請辛勞一周的血液回到老家，也不讓這些紅色小天使有片刻的休閒，立刻又叫他們重整旗鼓，匆匆忙忙踏上另一個新的旅程，如此周而復始，從不間斷。平常我們說心跳，其實這很冤枉，心臟從來不跳，它只不過是很有效地用力擠出血液，然後放鬆開來，如此一緊一鬆，結果把脈的人觸到了一鼓一鼓的脈管的跳動，誤以為心在跳。或者夜深了，自己躺在床上，此刻萬籟俱寂，只覺著自己的心在規律地跳動。為什麼心會跳？（姑且從俗）誰叫它跳快？跳慢？誰又叫它用力擠壓？而一點都偷懶不得？

竇房結的妙用

心臟在正常的時候，主要由一個開關發號施令，這個司令部叫作「竇房結」（S-A node）。等第一道命令發出後，這個訊息先呈輻射狀散開到心房肌各處，引起整個心房的「去極化」（興奮），然後再回到房室結（A-V node）來，然後再跑到心室中，這時趕路的傳令兵要開始走高速公路了，這一快速傳導纖維叫作Purkinje's fiber。不到0.08到0.1秒之間，整個心室已經知道了消息，大家都忙著去完成「去極化」，這樣使心臟繼起了幫浦作用。

迷走神經的背側運動核——心抑制中樞

心臟跳動的快慢與強弱，既然都由「竇房結」做決定，但除了它的自發性頻率以外，它還蠻聽大家的意見，這些意見都由調節心臟的神經機構來傳達。譬如我們生氣時，為什麼心跳也會隨之變快？這是因為由大腦皮質（與思想有關）下來的神經纖維，經過下視丘（與情緒有關）後，跑到延腦的迷走神經背側運動核（Dorsal motor nucleus of vagus，cardio inhibitory center）再由迷走神經派了特使叫「迷走神經心臟枝」到心臟的竇房結及房室結去，因此大腦的意識或情感作用，當然與心跳息息相關。有人說還有其他的心房肌和結組織（Nodal tissue）也同時受到迷走神經分枝的關照。要注意的是這個迷走神經背側運動核，純是「心抑制中樞」。它受了刺激而興奮，只能抑制心臟的跳動，使之減慢，我們的身體絕沒有所謂的「心加速中樞」。如果你說：那為什麼當我們激動或者在運動時，心跳會變快呢？這是因為心臟另有交感神經來制衡迷走神經的關係。所以，當分佈在心臟的交感神經興奮而放電時，心跳自然就會增加。

迷走張力

心跳的快慢與強弱，兩者意義不同，分佈到心臟的腎上腺性神經（交感神經）興奮時，可以增加心跳率（促心率作用Chronotropic effect）及心收縮力（Inotropic effect）。而迷走神經的「膽鹼激性」纖維則使心跳變慢。當我們的身心很安靜的時候，雖然交感神經也有些許的放電現象，但是迷走神經的放電遠超過了前者，這種現象叫作「迷走張力Vagal tone」。所以假如我們用藥物麻醉了迷走神經時，心跳就從平時每分鐘七十下增加到大約一百五十次與一百八十次之間。如果把交感神經和迷走神經的作用同時阻斷，心跳則增加到每分鐘一百次左右。（這一點請大家特別留意，假設我們得了很深的禪定，是不是也等於把影響心跳的交感及迷走神經兩者的作用同時阻斷了？那為什麼心跳不變快反而變慢甚至消失？）

血壓感受器

心臟和大血管裡又埋藏著血壓感受器（Baroreceptors）。這些感受器具有神經纖維連接到心抑制中樞，所以當血壓高的時候，脈管內的壓力增高，心跳就自動地被抑制下來；而當血壓降低時，心跳則變快，但這與心抑制中樞的迷走神經背側運動核毫不相干，大都由於心臟交感神經的興奮所致。

腦壓增加——心跳減慢

一般的情形是心跳快了血壓就上升，反之心跳慢了，血壓也就下降。但有一種情況適得其反，假使有一個病人頭部因車禍受了傷，腦內的壓力因出血、腦浮腫等原因而增加時，這位病人的血壓雖然上升，但心跳則反而變慢。這是因為腦壓增加，引起心抑制中樞的興奮，使心率變慢，另一方面由於血管運動中樞受了刺激，血管收縮，血壓反而上升。

出入息與心跳

當我們吸氣時候，心率增加，有兩個原因：一是由於肺裡有「阿伸族」的感受器（Vagal stretch receptors），當肺脹滿了氣時，它把這個消息梢給神經纖維，一直往心抑制中樞反應，結果抑制中樞反被抑制下來，心率當然增加。二是由於延腦的吸氣中樞因吸氣而興奮，順便也驚動了旁邊的血管運動中樞，結果交感神經（血管運動中樞）也莫名其妙地興奮起來，把心率增加。

體溫升高

當一個人發燒時，無疑地心率會加快，這是因為心臟本身的溫度上升，在上腔靜脈和右心房的交接處的「竇房結」之溫度也隨之上升，如此便加速了它的放電率。

恐懼與悲哀——心率減慢

恐懼、悲哀等情緒的變化，這些興奮波則由下視丘沿著神經纖維聚集到心抑制中樞去控制心率。

意識作用——熱線的迷惑

只要我們想要到外面運動時，心率就加快，有時甚至在渴望運動時，心率也會增加。這是由於我們一起念，大腦皮質猛一驚動，把刺激波轉接到下視丘，然後再轉送到心抑制中樞及血管中樞，引發了心率的增加的緣故。但是至今還不太明瞭的是為什麼這一條「熱線」，傳得格外迅速。當然，心臟交感神經張力的增加和迷走神經張力的減少，似乎多多少少與此有關。

拉雜寫來，不覺夜已深，懷師的一首詩忽然湧上心頭：

羊亡幾度泣多歧　錯認梅花被雪迷
疑假疑真都不是　殘蕉有鹿夢成癡

擲筆一笑，高臥去也。

附錄五

腦波與靜坐

洪文亮

我們的腦不管在清醒或睡眠時都在活動。一九二四年，德國的漢司醫生發現，只要我們活著，我們的腦不時有電流放出，因為這些電流太微弱，幾乎僅有兩百萬分之一的伏特，所以一直沒有人注意到。從那時候開始，腦波的研究便突飛猛進，對於疾病的診療，諸如腦瘤、癲癇、腦出血等，發揮了很大的威力。

拿不出心的二祖慧可

二祖為了要安心，初見達摩祖師，結果拿不出心反倒安了心。醫生卻為了好奇，偏要操心，不辭灰頭土臉去找心。英國的神經科醫生叫J. H. Jackson，在前世紀的這個時候，第一個下了結論，指出我們的意識中樞在大腦。瑞典一所分子生物學研究所的希登博士，也從生化學的觀點說明了新的學習一定需要有大量的蛋白質才行。他把一種蛋白質的抗體叫作S-100注射給老鼠，結果大大地減少了老鼠的學習能力。

跳迪斯可的β波

漢司醫生說，人或其他動物只要閉起眼睛，心情趨向寧靜的時候，腦波上就出現比較緩慢而有規則的α波，但是一旦睜開眼，α波立刻消失，代之以像迪斯可一樣快速而劇烈扭動的β波。總之，當我們思潮起伏，神情緊張或怒氣沖天時，正是β波的天下；而當我們身心愉快、萬里無雲的時候，美麗柔靜的α波便開始在我們的腦海中，婆娑起舞，呈現她的婀娜多姿了。

通宵雀戰大腦猛亮警告燈——γ波

不少人一上牌桌，便會一不做二不休，徹夜未眠，挑燈大戰，或飲濃茶，或進克勞酸，勉強撐住，這時候腦細胞只好憤然起來抗議，拍桌跺腳，β波立刻變成顫動激烈的γ波，這種短促的γ波，每秒鐘幾乎可以震到三十或五十下。或者當我們在「烤」場，焦頭爛額，解不出一道很難的數學問題時，也一樣會引起γ波的滿「腦」牢騷。或者當我們正在心驚肉跳，注視著賽車的驚險鏡頭，或拳擊賽的ＫＯ實況時，橫衝直闖的γ波，這時又火速地跑出來。

世外桃源——LSD催幻劑的本來面目

一九六〇年代，嬉皮們很喜歡飲用LSD藥物，服後個個變得如醉如癡。外表看去，似乎每個都像生龍活虎，其實他們這時的腦波，盡是β波和γ波。假如叫他們閉上雙眼，也絕不會有α波的出現。

穩如泰山，一板一眼的θ與δ波

這幾十年來腦波的研究一瀉千里，尤其對於癲癇的分析，可說極盡精微。醫生只憑一張腦波，可以很正確地診斷出癲癇病來，雖然病人在做腦波的時候，並沒有口吐白沫或全身抽筋的發作情形。因為癲癇病人具有特殊的腦波叫作θ和δ，這兩種波的波形很特殊，θ在一秒鐘內大約有四到七個起伏，δ波則更慢，通常在一秒鐘內僅有半個到三個波。除了在癲癇的腦波中可以發現這兩種波以外，在睡眠時抑或禪定很深的時候，同樣可以看到處變

不驚的θ和δ波。

醒夢一如，可能嗎？

睡眠時的腦波有什麼特色？一般地說，大概都出現α波。如當我們睡興正濃時，α波會愈來愈慢，它會逐漸變成θ波，到最後甚至可能有δ波的出現。根據這個現象，我們可以推測一個人睡眠的深淺。有時在記錄「睡眠腦波」時，偶爾可以看到一種非常細小疾速的β波，快到每一秒鐘，跳動二十至三十次，醫生特別給了名字叫 REM（Rapid Eye Movement）。原來這些不速之客（其實很快），真是善者不來，來者不善。譬如我們做夢，夢見有一個人在背後追殺，這時腦中的神經細胞大為恐懼，驚慌失措之餘，連連發出求救的訊號，這就是那哀號呼叫REM。既然睡眠時β波消失，α波甚至θ與δ波都前前後後跑到腦波的大海上來，醒著的人能不能有這些相同的變化？且讓我們先看看靜坐時的腦波，到底會有些什麼樣的新招，直叫我們看得目瞪口呆?!

紅日杲杲，雲門對一說

一九五四年，日本東京大學的精神科醫生平井，想到利用腦波研究靜坐時的腦生理現象。由於日本有很多實際進修靜坐的禪師，他無疑是得天獨厚，取得了曹洞宗的總持寺十四位法師及曹洞宗主務廳，峯岸應哉師的協助，經過四年的艱苦歲月（那時的腦波儀器太簡陋），終於獲得了輝煌的成果。下面就備用幾張他提出的腦波，向諸位稍作簡略的說明。

（圖一）：α波出現在靜坐中的腦波。

「說明」：打坐前都是β波，但木魚響處，一開始上座，在五十秒鐘後，雖然眼睛還是睜開，卻可以看到α波的出現。箭頭顯示較顯明的α波。圖下方的標記」，縱的表示五十μ伏特，橫的表示一秒鐘。

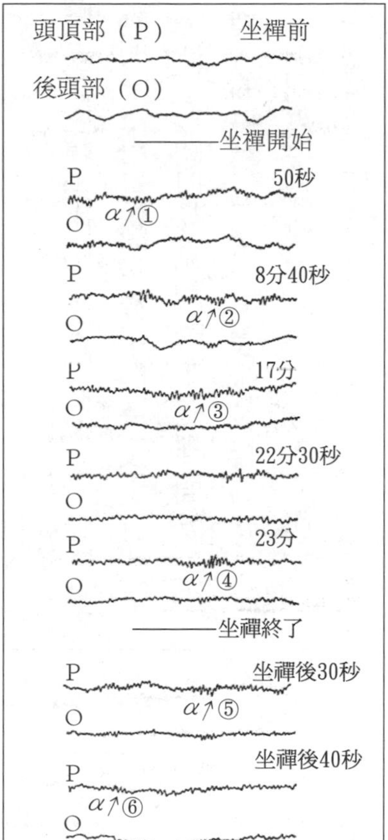

圖一：α波出現在靜坐中的腦波。

（圖二）：未曾有過打坐經驗的人，稍學了一點數息觀後，所作的腦波。

「說明」：這張腦波，大部分都是β波，但偶爾可以看到只繼續一～兩秒鐘的α波。這個人從來沒有打過坐，僅僅在做實驗前，臨時教他簡單的數息觀而已。

（圖三）：靜坐中的法師的腦波。

「說明」：這是靜坐後十四分及十五分後的腦波。顯而易見的是，這裡面α波占了絕大的優勢。α—s表示較慢的α波。α—f則表示較快的α波。β—s與β—f也同樣。

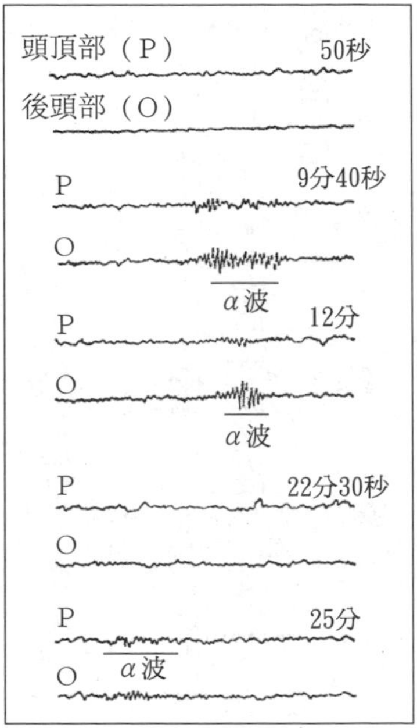

圖二：未曾有過打坐經驗的人，稍學了一點數息觀後，所作的腦波。

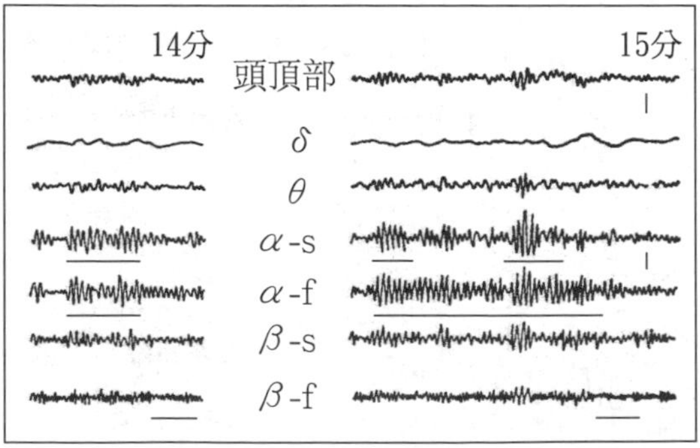

圖三：靜坐中的法師的腦波。

（圖四）：靜坐中，對於外來的刺激非常敏感，立刻有反應。

「說明」：給予聲音的刺激，α波就一時被抑制下來，同時可以看見GSR（精神電流現象）的出現。

（圖五）：看GSR可以分別靜坐與睡眠（或昏沉）的不同。

「說明」：這一張腦波，並沒有加上外來的刺激，所以α波未曾消失（α-Blocking），但是可以看見有兩個GSR自動自發地出現，這種情形在睡眠中或昏沉中決不會有。

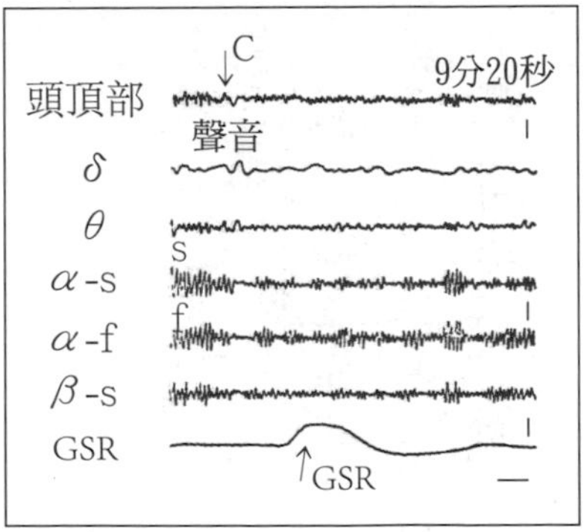

↑圖四：靜坐中，對於外來的刺激非常敏感，立刻有反應。

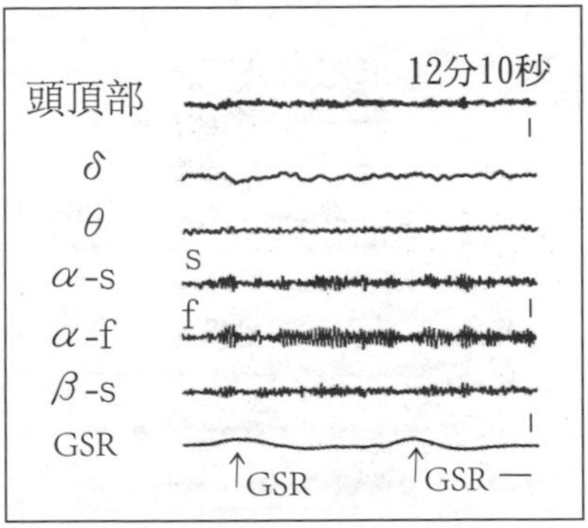

↑圖五：看GSR可以分別靜坐與睡眠（或昏沉）的不同。

（圖六）：在很短的時間內，GSR接二連三地出現的例子。

「說明」：在自動出現的GSR上，有一個因受了外來音響的刺激而起的GSR，互相重疊，宛如駱駝的背峯。

↓圖六：在很短的時間內，GSR接二連三地出現的例子。

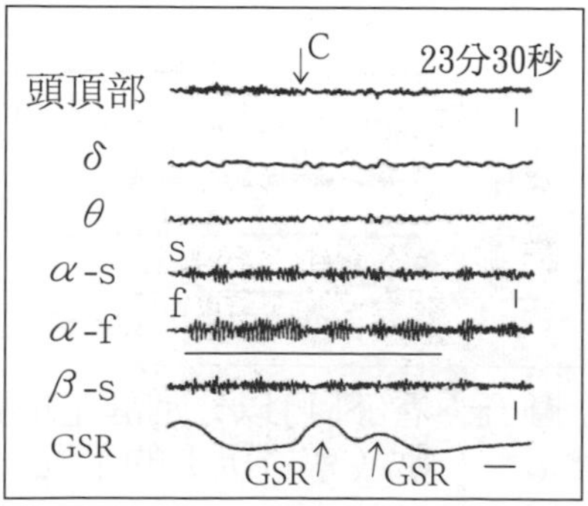

說似一物即不中

由上面腦波的分析，我們大概可以得到如下的結論：

一、通常在閉目養神或睡眠時才出現的α波，可以在閉眼做止觀的靜坐中出現，而且還佔優勢。沒有學過靜坐的人，如給予初步的指導，也可以做到短時間內（一秒到兩秒間）的α波之出現。至於靜坐工夫不錯的人，則可以上座不到五十秒以內，腦波立即變成α波的天下。

二、如果靜坐而幾乎入定，θ波便緩緩現身，這時由腦波可知，入定的人並沒有昏沉。

三、下座後，α波不立即消失，有的還甚至可以延續五分鐘之久。（請注意，這幾十位法師雖然參與腦波的實驗，但是他們並非個個都是桶底脫落了的人。）

四、靜坐定久了，與昏沉絕對不同，這時對於外界的刺激反倒敏銳起來，其強度還超過平常清醒的時候。

五、靜坐中，連續給予刺激，也不會引起「反應的疲勞現象」，也就是說，腦神經繼續保持「苟日新，日日新」的清新狀態。

白雲重重，雲門倒一說

靜坐的工夫到了爐火純青的地步，有α、θ波甚至間含有δ波的出現，這只不過是一種可喜的現象而已。雖然這個時候一個人的BMR（基礎代謝率）降到最低，非常有益於身心，到底還是黑漆漆，煙囪裡邊的事。由於平井醫師的研究報告，美國人就有人製造了一種機器，利用電腦及耳機，能與α波同步調，所以每當有α波出現時，這部儀器立即發出滴滴的呼叫聲，如此重覆地反饋（Feed Back），希望藉此能容易造成α波的優勢（這是一種反照的巧明），結果大失所望，這一部要美金三佰多元的「α波同步調電子儀」，不僅造不出大量的α波，反倒引起天下大亂，只見β波橫行霸道，在鬧市中心，醜態畢露。

心虛乎，生乎，關

腦的科學讓我們了解α波、β波、θ波、δ波及γ波等，但是平井先生似乎沒有告訴我們「阿誰知道」將屬於哪個波？或全不屬於它？前三三後三三，我們只是說著好玩。如果說一個人死了，所有的腦波都歸於平靜，只留下一條平直的線，寂然孤存，這豈非明明有生死的異同？但是我們也許不該忘記「阿誰道斷」，二六時中隨時給我們當頭棒喝。像我們學科學的，平常習慣於色見聲求，喜歡長短、大小，分別輕重，對此尤覺格格不入，無怪不待長慶罵一聲「生」，雲門早就在那裡「關」了。

南懷瑾文化出版相關著作

2014年出版

南師所講呼吸法門精要
劉雨虹／彙編

孟子與盡心篇
南懷瑾／講述

東拉西扯——說老人，說老師，說老話
劉雨虹／著

雲深不知處：南懷瑾先生辭世週年紀念
劉雨虹／編

禪海蠡測
南懷瑾／著

禪海蠡測語譯
南懷瑾／原著，劉雨虹／語譯

孟子與滕文公、告子
南懷瑾／講述

太極拳與靜坐
南懷瑾／講述

2015年出版

點燈的人：南懷瑾先生紀念集
東方出版社編輯群／編

金粟軒紀年詩
南懷瑾／原著，林曦／注釋

話說中庸
南懷瑾／著

孟子與萬章
南懷瑾／講述

孟子與離婁
南懷瑾／講述

孟子與公孫丑
南懷瑾／講述

2018年出版

南懷瑾與楊管北
劉雨虹／編

禪、風水及其他
劉雨虹／著

如何修證佛法（上下）
南懷瑾／講述

藥師經的濟世觀
南懷瑾／講述

懷師之師：袁公煥仙先生誕辰百卅週年紀念
劉雨虹／編輯

我的故事我的詩
南懷瑾／講述

洞山指月
南懷瑾／講述

百年南師——紀念南懷瑾先生百年誕辰
劉雨虹／編

新舊教育的變與惑
南懷瑾／著

禪與生命的認知初講
南懷瑾／講述

易經繫傳別講（上下）
南懷瑾／講述

道家密宗與東方神祕學
南懷瑾／著

中醫醫理與道家易經
南懷瑾／講述

www.nhjce.com

對日抗戰的點點滴滴
南懷瑾／口述

孟子旁通
南懷瑾／講述

2016年出版

大圓滿禪定休息簡說
南懷瑾／講述

我說參同契（上中下）
南懷瑾／講述

人生的起點和終站
南懷瑾／講述

孔子和他的弟子們
南懷瑾／著述

漫談中國文化：企管、國學、金融
南懷瑾／講述

跟著南師打禪七：一九七二年打七報告
劉雨虹／編

2017年出版

瑜伽師地論 聲聞地講錄（上下）
南懷瑾／講述

靜坐修道與長生不老
南懷瑾／著

圓覺經略說
南懷瑾／講述

答問青壯年參禪者
南懷瑾／講述

說不盡的南懷瑾
查旭東／著

說南道北：說老人 說老師 說老話
劉雨虹／著

2019年出

花雨滿天維摩說法（上下）
南懷瑾／講述

金剛經說甚麼（上下）
南懷瑾／講述

懷師的四十三封信
劉雨虹／編

2020年出版

禪宗新語
南懷瑾／著

楞嚴大義今釋
南懷瑾／著

懷師的四十八本書
劉雨虹／著

皇極經世書今說——觀物篇補結
閆修篆／輯說

談天說地：說老人、說老師、說老話
劉雨虹／著

2021年出版

照人依舊披肝膽 入世翻愁損羽毛——劉雨虹訪談錄
岱峻／編著

傳統身心性命之學的探討
南懷瑾／講述

一個學佛者的基本信念
南懷瑾／講述

歷史的經驗
南懷瑾／講述

南懷瑾與彼得·聖吉
南懷瑾／講述

禪觀正脈研究
南懷瑾／講述

禪觀正脈研究

建議售價・320元

講　　述・南懷瑾

出版發行・南懷瑾文化事業有限公司

網址：www.nhjce.com

代理經銷・白象文化事業有限公司

412台中市大里區科技路1號8樓之2（台中軟體園區）

出版專線：（04）2496-5995　　傳真：（04）2496-9901

401台中市東區和平街228巷44號（經銷部）

購書專線：（04）2220-8589　　傳真：（04）2220-8505

印　　刷・基盛印刷工場

版　　次・2022年2月初版一刷

2023年11月初版二刷

國家圖書館出版品預行編目資料

禪觀正脈研究／南懷瑾講述．--初版.—臺北市：
南懷瑾文化事業有限公司，2022.02
面：　公分
ISBN 978-986-06130-5-6（平裝）
1.禪宗 2.佛教修持
226.65　　110018878